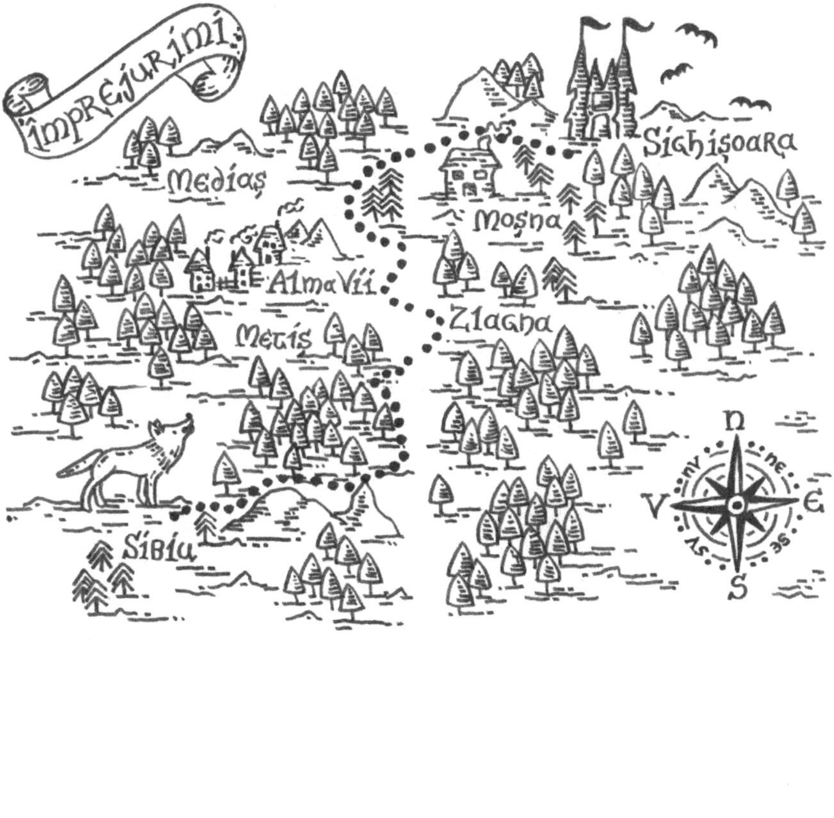
Împrejurimi
Mediaș
Sighișoara
Moșna
Alma Vii
Zlagna
Metiș
Sibiu
N
NV
NE
V
E
SV
SE
S

Ferdinand Führer
Roland van Oystern

Ein Tag Hagel und immer was zu essen da

Ferdinand Führer (*1982) und Roland van Oystern
(*1984) spielen seit über zehn Jahren gemeinsam
in Bands, betreiben ein Indielabel und schreiben Artikel und Kurzgeschichten für Musik- und
Literaturzeitschriften. 2014 waren sie mit ihrem
ersten Schreibprojekt »Das Homestory Magazin«
auf Lesetour durch Deutschland und erhielten
für das Magazin den Rocco-Clein-Preis für Musik-
journalismus. Das Magazin ist mittlerweile auch
als Hörbuch bei Audiolith erschienen. Die beiden
leben in Süddeutschland.

2. Auflage August 2019

© Ventil Verlag, Mainz, 2016
Lektorat: Ingo Rüdiger
Layout und Satz: Oliver Schmitt
Fotos: Ferdinand Führer, Roland van Oystern
und Meta Schnell
Landkarte: Lisa Erdle
Druck: cpi books
ISBN: 978-3-95575-056-5

Ventil Verlag
Boppstraße 25, 55118 Mainz
www.ventil-verlag.de

Inhaltsverzeichnis

»[...] reglos ist heute die Waage der Gedanken,
Still rastet in der Mitte das Zünglein, ohne Schwanken.«

Mihai Eminescu

Vorwort

Die Überschrift »Vorwort« erweckt vielleicht Assoziationen mit bedeutenden Werken. Sie wissen schon, so Zeug, das in richtigen Buchhandlungen steht: Da kann man lachen und träumen, sich fürchten, ein bisschen weinen oder vor lauter Spannung ganz vergessen, dass man eigentlich längst in der Kneipe oder im Büro oder irgendwo anders sein sollte.

Das vorliegende Buch steht ganz in dieser Tradition und ist bis zur letzten Seite gefüllt mit verschiedenem Aufschrieb. Es ist ein Lesebuch. Alles enthaltene Material entstand auf der Grundlage eines Aufenthalts von 80 Tagen in Alma Vii, einem 200-Häuser-Dorf in Rumänien, und wenn sich jemals wirklich Fuchs und Hase »Gute Nacht« gesagt haben, dann höchstwahrscheinlich dort. Den Rahmen bilden die Tagebücher zweier Typen, die sie über den jeweils anderen geführt haben. Die zwei Typen, das sind Ferdinand Führer und Roland van Oystern. Und das sind wir, denn wir schreiben unser Vorwort selber.

Ursprünglich stand Kuba auf unserem Reiseplan. Da hätten wir das Buch nachher »Kuba« nennen und so einen roten Stern vorne drauf machen können, denn das gefällt den Leuten. Und dann hätten es vielleicht auch ein paar mehr gekauft. Aber Kuba war uns einfach zu teuer und eigentlich auch zu aufregend. Abenteuer sind uns am liebsten in den Aufzeichnungen anderer. Wenn Phileas Fogg in 80 Tagen um die Erde reiste, sollte es für uns nur recht und billig sein, dieselbe Zeit in einem Kaff von Rumänien abzusitzen. Und zwar im Winter.

Roland über Ferdinand

Meine erste Erinnerung an Ferdinand – ich vermute, es ist die erste – zeigt ihn sitzend gegen ein Auto gelehnt auf der Parkplatzwiese irgendeines Umsonst-&-Draußen-Festivals, nachmittags, inmitten eines Grüppchens Betrunkener, das sich um ihn konzentrierte, genauso wie es galt, sich um jemanden zu konzentrieren, der in gewissen Angelegenheiten mit dem meisten Weitblick ausgestattet war.

Manchmal nimmt sich eine Person auf Anhieb aus. Man spürt es, kann es aber auch beobachten.

Jene, die die Person umgeben, wenden sich mit ihren Einfällen bevorzugt an sie, sehnen sich nach deren Einschätzung, suchen Bestätigung, verspüren bestenfalls – wenn ein Einfall gut war – das Glück über die Beipflichtung von jemand Besonderem.

»Ferdinand, saufen wir jetzt so richtig?«

»Ja, jetzt saufen wir mal so richtig!«

An dem Nachmittag war ich über einen gemeinsamen Freund zu der Gesellschaft gestoßen, die Leute waren mir so fremd wie Ferdinand. Wir nahmen einander wahr, vermutlich. Mehr als diese Szene blieb mir von dem Treffen nicht im Gedächtnis.

Entweder wenig später, vielleicht aber auch einen ganzen Sommer später – wenn ich recht darüber nachdenke, müssten es sogar zwei Sommer sein –, liefen wir uns vor der Georg-Elser-Halle in München über den Weg, dort spielte an diesem Abend die Band Turbonegro. Ferdinand erkannte mich und ich erkannte ihn, wir begrüßten einander, sogar überraschend herzlich. Das Treffen lässt sich datieren: Es war im Mai 2003. Zu diesem Zeitpunkt war ich 18 Jahre alt und wohnte noch bei meinen Eltern, in dem Dorf, in dem ich aufgewachsen war. Ich hatte mich an diesem Tag alleine auf den Weg gemacht, zusammen mit ein paar herbeikopierten

Fanzines. Wir verkauften die Hefte an die Konzertbesucher, alle sechs bis sieben Exemplare.

Ferdinand erzählte mir später, dass er, von der Lukrativität dieses Unterfangens angetan, bald darauf mit der Erstellung eines eigenen Fanzines begann. Leider wurde es nie veröffentlicht.

Das Konzert endete mit einer viertelstündigen Zugabe-Version des Songs »I Got Erection«, und im Eingangsbereich, einem Flur, fand ich Ferdinand wieder, gerade zu sich kommend, darüber klagend, dass sie doch wenigstens »I Got Erection« schon noch hätten spielen können.

Eingebunden in ein Grüppchen aus alten und hauptsächlich neuen Bekanntschaften von Ferdinand erreichten wir einen Übernachtungsort: Ein Elternhaus mit verreisten Eltern, deren Töchter sich in dieser Nacht die Räumlichkeiten mit allerhand Besoffenen dekorierten. Eine der beiden Töchter und Ferdinand lagen in einem Bett und befummelten sich. Mit einem brennenden Zigarillo zwischen den Fingern schlief ich neben den beiden im gleichen Bett ein.

Zusammen mit zwei Freunden von Ferdinand bewohnte ich ungefähr ein halbes Jahr später erstmals eine WG. Ferdinand wohnte 50 Kilometer entfernt und besuchte uns ab und an für zwei, drei Tage, so freundeten wir uns schließlich an.

In einer kalten Februarnacht des Jahres 2004 saßen wir in meinem Zimmer, auf meinem großen Bett: betrunken, immens betrunken. Und Ferdinand bekam allerhand Material von mir gezeigt: einen verächtlichen, sehr übertrieben verächtlichen Verriss des Fanzines, das wir gemeinsam verkauft hatten; ein unter Tränen, im Halbsuff zusammengeklimpertes Verzweiflungsgedicht; dererlei! Auf einmal suchte auch ich bei ihm nach Bestätigung, nach ein bisschen Beifall von jemand Besonderem.

Zum Schlafen verabschiedete sich Ferdinand in eines der anderen Zimmer, anstatt einfach im aktuellen Bett zur Seite zu kippen. Was seiner Gewohnheit widersprach – wie ich damals vielleicht noch gar nicht wusste –, ihm aber zum Vorteil gereichen sollte. In der Nacht wachte ich einmal kurz auf, bemerkte es so richtig allerdings erst am nächsten Morgen. Ich hatte mich im Schlaf auf meinem Kopfkissen erbrochen; was mir zuvor noch nie und danach nie wieder passiert war. Das Erbrochene setzte sich zusammen aus Nudeln, Kidneybohnen und Rotwein. Nun: ein Beinahe-Ereignis, etwas, das Ferdinand in seinem Leben erspart blieb.

Ein paar Wochen darauf fragte er mich, ob ich mit ihm in einer Band spielen wolle, er stelle just eine zusammen, und so kam es, dass wir auf einmal zusammen in einer Band spielten und fortan oft zwei, drei Tage bei ihm verbrachten. Ferdinand behauste die versiffteste Bude, die ich in meinem Leben näher kennenlernen durfte. Die Haustüre war nur mit einem Strick verbunden, damit der Wind sie nicht hin und her schlug; die Wohnungstür ließ sich ebenfalls nicht abschließen. Das Haus befand sich am äußersten Rand der Stadt, es markierte quasi ihren Schlusspunkt. Auf dem Weg dorthin kam man an einer Reihe von Schrebergärten vorbei, aus denen wir uns spät nachts meist noch verschiedenen Kohl, Rüben oder Ähnliches rupften, um uns davon zu ernähren. Die Spuren der Blätter und der Erde reichten nicht selten bis vor Ferdinands Haustür. Nirgends schmeckte es jemals wieder wie dort. Man hört die Leute sagen, keine andere Küche reiche an die der Omas heran. Das liegt daran, dass dort alle Gerätschaften ein ganzes Leben alt sind. Bei Ferdinand schmeckte es nach zwei Leben.

Inzwischen war Ferdinand gut hundert Kilometer weiter gezogen, nach Stuttgart. Ich wohnte noch immer in Augsburg. Ferdinand trank nicht mehr, nach dem Jahr 2007 war er nie wieder betrunken. Wir hatten eine Firma gegründet, im Herbst 2008: Herstellung und Handel von/mit T-Shirts und Tonträgern. Mit den T-Shirts wollten wir einen breiten Markt ansprechen (coole Motive, englischsprachige Aufdrucke), im Firmennamen spiegelten sich unsere Ambitionen wieder: Nebula Fünf Enterprises Int.

Leider liefen die Tonträger genauso schlecht wie die Shirts. Das

Finanzamt hat uns den Laden trotz zeitweiliger Drohungen bis heute nicht zugemacht. Da leistet jemand, leisten vielleicht sogar mehrere, schlechte Arbeit; ungefähr so schlechte Arbeit wie wir beide.

Es war immer schön, mit Ferdinand unterwegs zu sein, im Auto, auf der Straße, an den Raststätten, manchmal sogar in den Clubs. Wir sind da hingefahren und dort hingefahren, haben Konzerte gegeben und Zeug verkauft, na ja, manchmal ein paar Buttons, und dann sind wir wieder heimgefahren. Auf diesen Ausflügen haben wir viel geredet und viel gelacht. Oft waren andere dabei, öfters noch waren wir allein.

2013 gründeten wir eine zweite Band, ohne die erste aufzulösen, gewillt, das nimmersatte Genre Rock/Pop weiterhin zu bereichern, verstärkt, mit Nachdruck, unerbittlich. Außerdem haben wir ein Magazin veröffentlicht: das Homestory Magazin. An den 20 Texten schrieben wir etwas über dreieinhalb Jahre. Alle Texte entstanden in gemeinschaftlicher Zusammenarbeit in unseren Zimmern, mal beim Einen, mal beim Anderen. Das Magazin ist unser erstes Produkt, das mehr als 30 Leute gegen ihr Geld eingetauscht haben. Wir waren damit über das gesamte Jahr 2014 auf Lesetour. Zusammen mit noch so einem Typen, der unter dem Namen Egon Forever! Cartoons malt und eben einen Roman fertiggestellt hat: Andre Lux. Das war eine bereichernde Erfahrung, und auch der Zuspruch tat gut.

Über den kommenden Winter 2014/15 widmen wir uns nun einem weiteren literarischen Vorhaben, einem literarisch-psychologischen. 80 Tage werden wir damit zubringen, ein Tagebuch über den jeweils anderen zu führen.

Die Jobs sind gekündigt, der Exilort steht seit ein paar Monaten fest: Alma Vii in Rumänien.

Ferdinand verlässt sein WG-Zimmer, seine Sachen stellt er bei seiner Freundin Lisa unter. Wahrscheinlich ziehen sie danach zusammen, wohin, wissen sie noch nicht.

Die WG löst sich nach über einer Dekade auf, gut acht Jahre hat Ferdinand dort verbracht. Wie oft standen wir nachts in der WG auf dem Balkon, ein letzte Zigarette für Ferdinand. Im Sommer in Unterhosen, im Winter schier der Vorstellung beraubt, es könne jemals wieder so warm sein, um dort einfach in Unterhosen herumzustehen, entspannt in den Himmel zu glotzen, die Sterne zu betrachten und sich vorzustellen, wie alles vergeht.

Einmal sagte Ferdinand: »Das Traurigste am Sterben ist, dass man nicht erfährt, wie es weitergeht.« (Das war nicht nachts auf dem Balkon, das war während einer winterlichen, taghellen Autofahrt von Glaubitz nach Stuttgart. Ferdinand hinterm Steuer, ich auf dem Beifahrersitz.)

Roland van Oystern
22. November 2014

Ferdinand über Roland

Roland ist kein guter Autofahrer.

Er fährt nicht total schlecht, aber er fährt sehr langsam und unsicher. Seinen Sitz stellt er stets auf die vorderste Stufe, so dass sein Gesicht fast unmittelbaren Kontakt mit der Windschutzscheibe aufnimmt. Autobahnfahrten gehen, Stadtverkehr ist schlimm. Oft bringt er das Fahrzeug inmitten einer Kreuzung völlig grundlos komplett zum Stehen, zum Leidwesen der Verkehrsteilnehmer hinter uns, und natürlich mir. Aber ich halte mich immer zurück und sage nie etwas, oder nur ganz selten, wenn ich es einfach nicht mehr aushalte.

Die Hände fest mit aller Kraft am Lenker, den Blick starr geradeaus, die Tachonadel nie die 110 überschreitend. So sehe ich ihn schon neben mir am Steuer sitzen und uns über den Balkan kutschieren. Hoffentlich fährt er uns nicht tot. Irgendwo hinter der ungarischen Grenze von Van Oystern totgefahren werden; das würde mir ähnlich sehen.

Nicht mehr ganz drei Wochen, dann geht es los.

In einer meiner ersten Erinnerungen an Van Oystern sehe ich ihn vor dem Rülps in München stehen mit einem The Vageenas-Shirt über dem schmächtigen Leib. »Punkrockers from Hell« steht drauf. Ich denke, wir waren um die 18 Jahre, als wir uns das erste Mal trafen. Roland etwas jünger, ich etwas älter. Genau weiß ich das nicht mehr. Roland weiß das sicher noch ganz genau. Und bestimmt weiß er auch noch das Datum und was für eine Band an dem Abend gespielt hat. Wer sich also für fundierte Informationen und Jahreszahlen interessiert, wird sicher in Van Oysterns Einleitungstext fündiger.

Ich würde fast wetten, das Vageenas-Shirt hat er immer noch. Er trägt es nur nicht mehr. Roland schmeißt nämlich nichts weg. Er verkauft auch nichts. Alles, was er sich jemals angeschafft hat, bleibt für immer in seinem Besitz bis es zerbröselt. Genauso die E-Mails. Roland hortet und konserviert seinen E-Mail-Verkehr seit Erfindung des Internets.

Warum wir uns von Anfang an so gut verstanden, weiß ich gar nicht mehr, aber ich denke, es ist dem alten Gesetz geschuldet, dass die größten Trottel immer zusammenfinden.

Wir waren schlimme Schluckspechte und gemeinsam immer und überall die Betrunkensten. Oft blieben wir auch einfach irgendwo liegen. Coole Partys, wilde Drogen und Girls wurden dennoch, falls irgend möglich, gemieden. Wenn man ausgehen musste, gingen wir in die Rockfabrik Augsburg. Kaum ein Aspekt an dem Laden, dem das Adjektiv »beschissen« Unrecht getan hätte. Aber irgendwie haben wir einen Hang zum Leiden, den wir über die Jahre, bis zum heutigen Tag, kultiviert und ausgebaut haben. Unentwegte Selbstgeißelung als Lifestyle. Komische Art.

Roland ist ein zäher Mann. Geistig wie körperlich. Unverwundbar, der Typ, und einer meiner wenigen Freunde, an dem Psychotherapie, Panikattacken, Neurosen, Hypochondrie, unerklärliche Angstzustände und all der andere urbane Mittdreißiger-Wohlstands-Chic weitgehend abprallen.

14

Ich für meinen Teil bin fast zwei Meter groß und von schwammiger Konsistenz. Geistig wie körperlich. Solche Menschen werden nicht alt. Die brennen früher runter. Die fallen einfach um. Das weiß ich, denn meine Arbeitsstelle war bis vor Kurzem noch ein Altenheim. Die Männerquote beträgt da höchstens zehn Prozent. Wenn es dann doch mal ein Mann bis ins hohe Alter schafft, dann der Typ Van Oystern: dünn, fast untergewichtig, nicht allzu groß und reißfest.

Roland ist genügsam. Gib ihm etwas Reis und ein paar Zwiebeln und er ernährt sich tagelang davon, ohne auch nur einmal zu klagen. Nicht aus Bescheidenheit, sondern weil es ihm wirklich nichts ausmacht.

Zeitgleich ist er aber wahnsinnig feinfühlig und ein echter Romantiker, der keine Angst vor der großen Liebe hat. In kleinen Dingen das Schöne sehen oder tagelang zu Hause grübelnd auf und ab gehen, das sind nur zwei seiner leichtesten Übungen.

Van Oystern sammelt Andenken; kleine Zettelchen, Figürchen, Bilder, einfach alles, was ihn an etwas Schönes erinnert, oder er von jemandem, den er mag, geschenkt bekommen hat. Seine Wohnung ist bis unters Dach mit Klimblim vollgestopft.

Auf die meisten Menschen wirkt er bei ersten Begegnungen seltsam und kauzig, weil er leise und zurückhaltend ist. Er hat eine bizarre Art zu sprechen kultiviert, weil er oftmals Sätze mit etwas Stammeln einleitet, zumindest bei Leuten, die er noch nicht so gut kennt. Der Standard-Small-Talk gehört nicht zu seinem Repertoire. Wenn es nichts zu sagen gibt, gibt es halt nichts zu sagen. Dafür sind, wenn man ihn etwas länger kennt, die Gespräche umso schöner.

Roland und ich sind Dorfkinder. Das geht auch nicht mehr weg, denke ich. Aber das Aufwachsen voller Uncoolness, Hass und grenzenloser Langeweile schleift bei manchen Menschen einen speziellen Humor heraus. Ich kann mit niemandem so viel lachen wie mit Roland. Was wir auch gemeinsam haben, ist die fehlende Souveränität.

Wie kann man nur so wenig Ahnung von weltlichen Dingen haben? Steuern, Versicherungen: keine Ahnung. Wohnung sauber halten: schwierig. Irgendwelche Sachen fristgerecht abgeben: aussichtslos. Dinge reparieren: unmöglich. Lohnarbeit, so sagt er, ist die niederste Form der Beschäftigung. Seit so vielen Jahren wird sich herumgeplagt mit ätzenden Jobs oder mit frustrierten Sachbearbeitern. Alles ein großes Elend und nichts weiter als Lebenszeit gegen Geld eingetauscht. Das ewige Lied der Existenzerhaltung: schleppend und in Moll.

Eine seiner Stärken ist das Nicht-Mitdenken. Roland versteht es wie kein Zweiter, sein Hirn auszuschalten. Wenn wir gemeinsam ausgehen, achtet er nie auf seine Umgebung, er läuft einfach hinterher. Ich kann dreimal um den gleichen Block gehen, er merkt es nicht. Er weiß aber ganz genau, wann jemand Geburtstag hat, wann welcher Film oder welches Album rauskam, vergisst aber gerne die kleinen Dinge. Man kann sich den ganzen Tag lang gegenseitig daran erinnern, dieses oder jenes heute Abend bloß nicht zu vergessen; mit größter Wahrscheinlichkeit wird es das aber. Roland ist ein Tagträumer, oft etwas zerstreut, und manchmal scheint es, als wandelt er gar nicht auf demselben Boden wie wir anderen, er schwebt einfach ein paar Zentimeter darüber.

Eine ebenfalls frühe Erinnerung an Van Oystern spielt auf einem Turbonegro-Konzert in München. Zufällig haben wir uns da getroffen und er verkaufte vor dem Laden sein Fanzine »Der Großmasturbator«. Hat mich sehr beeindruckt. Etwas aufschreiben und verkaufen, klang total stark. Wollte ich auch machen, kam nur nie dazu, durfte aber bei der zweiten, dritten und letzten Ausgabe mitwirken. Auch musikalisch bin ich von ihm beeinflusst worden. Wenn es um deutschsprachige Bands geht, kenne ich viel von ihm. In letzter Zeit landet öfter mal eine Country- oder Soul-Platte in seiner Sammlung. Aber das ist nicht schlimm, denn wie die Aeronauten zu singen wissen: Mit dem Alter fängt man an, sich für Countrymusik zu interessieren.

Seit über zehn Jahren spielen wir gemeinsam in Bands. Roland ist ein fantastischer Songwriter und mit einer wunderschönen Stimme gesegnet.

Er war Messdiener in einem bayerischen Dorf, später Realschulpunk, wurde dank abgebrochener Erzieher-Ausbildung zum Kinderpfleger. Die Ausbildung hatte er sowieso nur begonnen, um elternunabhängiges BAföG zu kassieren, damit er endlich daheim ausziehen konnte. Es folgten ein paar lange Jahre als Behindertenhelfer in Stuttgart und Nachtportier in einem Augsburger Hotel, als Spielhallenaufsicht, Hartz-4-Empfänger und Musiklabel-Betreiber. Er war Fanzine-Schreiber und Büroangestellter in einem Flughafentransferunternehmen.

Das sind nur einige seiner Karrierestationen. Jede ist für sich genommen nicht unbedingt seine Erfüllung gewesen. Gemeinsam aber, so glaube ich, bilden sie eine solide Grundlage für … na ja … für was auch immer.

Ferdinand Führer
im Herbst 2014

Tag 1–3

Donnerstag, 18. Dezember, die Reise beginnt für Ferdinand in Stuttgart, allein oder: ohne mich, weil Augsburg, wo er mich nachher abholen kommt, auf dem Weg liegt. Also stelle ich ihn mir vor: Wie er sich die Zähne bürstelt, mit seiner elektrischen Zahnbürste, die Standardeinstellung verwendet, gegen Ende des Reinigungsprozesses zwei Stufen hochschaltet, in den Ultraschallmodus, sich anschließend im Espressokännchen auf dem Gasherd ein belebendes Gebräu bereitet, wie er vielleicht eine Dusche nimmt, aber nur vielleicht, und wie er sich schließlich von seiner lieben Freundin Lisa verabschiedet, mit einer Träne auf der Wange, nur einer kleinen, die dafür umso schwerer wiegt, und wie er in sein Auto steigt, abfährt und winkt und winkt und hupend um die Ecke biegt.

Ungefähr zwei Stunden nach dem ausgemalten Szenario klingelt es in der Wohnung meiner lieben Freundin Meta, denn dort holt Ferdinand mich ab. Unten vorm Haus stellen er und ich uns neben das Auto und lassen die Kamera per Selbstauslösefunktion diese Inszenierung fotografisch festhalten. Auf der Motorhaube des Autos prangt ein Aufkleber von einem im Anflug befindlichen Adler. Im Verhältnis zur Motorhaube ist er eher etwas zu klein als zu groß, keineswegs allerdings ist er zu übersehen. Zwei Männer und ein stilvoll beklebtes Fahrzeug, mehr bedarf es nicht zur Anreise für eine Überwinterung in Rumänien.

Seit es das Automobil gibt, ist die Welt klein geworden! Und Ferdinand ist nicht nur Mann von Welt, sondern auch Autofahrer. An der letzten Raststätte vor dem Billigbenzinland Österreich befüllen wir den beinahe leeren Tank bis an seinen Rand. »Die Karre muss fahren«, sagt Ferdinand, »was es kostet, juckt mich nicht.« Auf dem Weg zur Kasse wirft er ein paar Münzen in einen Merkur-Spielautomaten, ein-, zweimal wirft er nach, aber eigentlich fehlt ihm die Geduld für ernsthafte Gewinnerwirtschaftung: Als das Kleingeld weg ist, schiebt er keinen Schein nach. »Vor diesem Automaten ziehe ich meinen Hut«, sagt er. Wir steigen zurück in den Wagen, Ferdinand fährt. Auf einem Ausfahrtschild steht »Oberschleißheim«, und weil Ferdinand weiß, dass ich nicht so gut sehe, sagt er: »Oberscheißheim, hehe, so heißt der Ort, hast du gesehen? Oberscheißheim, hey, da ist's geil, wenn du da wohnst.«

Im Vorfeld unserer Anreise hat sich Ferdinand im Internet nach möglichen Zwischenstopps für uns umgesehen. »Ich hab extra nur nach den letzten Absteigen geschaut, ich hoffe, das war in deinem Sinne.«

In Győr/Ungarn pennen wir für zusammen 22 Euro in einem günstigen, aber tadellosen Hotel. Auf einem Infozettel an der Rezeption wird für das Frühstück im »stimmungsvollen Kellerraum« geworben und auf dem Zimmer gibt es eine winzige, funktionierende Glotze.

Seit bestimmt schon sieben Jahren lebt Ferdinand ohne Fernseher. Wenn allerdings plötzlich einer rumsteht, schaltet er ihn umgehend an. Manche Menschen machen das so. Auf ORF1 läuft eine TV-Produktion, eine Krimiserie aus Amerika. Der Kriminelle ist den Ermittlern überlegen. »Der Typ ist denen immer einen Schritt voraus«, stellt Ferdinand fest. »Nicht so wir, wir sind allen immer einen Schritt hinterher, weißt du.« Der Krimi endet als Cliffhanger, danach kommt etwas anderes. Wir werden also nie erfahren, wie es ausgeht.

Freitag, 19. Dezember. Der Handywecker klingelt, Ferdinand steht auf und schaltet auf dem Weg ins Bad die Glotze an. Auf ORF1 läuft eine Soap. Wir packen zusammen und fahren los. Beim ersten Raststättenstopp fehlt plötzlich einer der beiden Schlüssel fürs Auto; das

hat nämlich zwei, einen fürs Zündschloss und einen zweiten zum
Auf- und Zuschließen. Letzterer ist seit Monaten ein Schraubenzieher, der zufällig kompatibel mit der Öffnung in der Autotür ist.
Zuvor verbarg sich diese Öffnung hinter einem Griff mit Schloss.
Der Griff ist vermutlich einfach abgefallen. Na, jedenfalls ist plötzlich der Schraubenzieher weg. Wir fahren weiter. In der Seitentüre
entdecke ich zwei Gabeln, beim nächsten Stopp probieren wir sie
aus und eine passt tatsächlich. Nicht so gut wie zuvor der Schraubenzieher, aber es funktioniert. Ich frage Ferdinand, warum er zwei
Gabeln in der Seitentüre liegen hat, und er antwortet: »Die habe
ich da letztens auch schon mal entdeckt und dachte: Zwei Männer, zwei Gabeln, das könnte passen, die lasse ich da besser mal
liegen.«

Auf den letzten Kilometern vor der rumänischen Grenze befah-
ren plötzlich kaum noch PKWs die Straße, fast nur noch LKWs.
Ferdinand vermutet als Fracht große Ladungen Elend. Unfair, aber
vielleicht wahr.

Kurz nach der Grenze fahren wir an einem Gehege mit Trut-
hähnen vorbei, die zwischen Sträuchern und Gestrüpp auf zwei
verdreckten alten, total kaputten Mercedes stehen und sitzen. Wir
halten an, steigen aus und sehen es uns eine Weile an. Was für eine
Kulisse. Ferdinand gefällt sie auch als mögliches Statement, denn
mein Freund ist wie diese rumänischen Truthähne Endbesitzer.
Überlässt man ihm einen Gegenstand, darf man sich sicher sein,
dass dieser in ihm seinen letzten, seinen endgültigen Besitzer gefunden hat.

Wir haben schon einige Kilometer auf rumänischem Boden gut-
gemacht, seit dem Morgen sitzt Ferdinand hinterm Steuer. »Fährt
sich gut, das ungarische Benzin.«
Der Verkehr verlangsamt sich. Von unserer Kontaktfrau erfahren wir per SMS, dass man in Rumänien für 350 Kilometer sechs
Stunden benötigt. 350 Kilometer zählt die Strecke, die wir noch

vor uns haben. Kurzzeitig wechsle ich ans Steuer, doch die inzwischen eingebrochene Dunkelheit macht mir zu schaffen. Ferdinand übernimmt wieder. Und: Plötzlich sind es noch 15 Kilometer. Die Straßen werden immer unbefestigter, die einzige Beleuchtung weit und breit ist der Lichtkegel, der unser Auto umgibt. Dann sind wir auf einmal da:

Alma Vii 104, das Haus, in dem wir die nächsten 80 Tage verbringen werden.

Fakt: Es wird kalt werden. Uns wird es kalt werden.

Es gibt keinen Telefonanschluss.

Mein Handy und mein Laptop zeigen beide keine einzige Internetverbindung an.

Rumänien: unverwässert.

Wir kochen uns auf einem der beiden Holzöfen ein paar Kartoffeln, die wir mitgebracht haben. Anschließend legen wir uns hin.

Samstag, 20. Dezember. Draußen ist es momentan noch wärmer als drinnen. Die Holzöfen gehen in der Nacht aus und morgens erwacht man von der Kälte, die über die Stunden des Schlafs zu einem ins Bett gekrochen ist.

Die nächste größere Stadt, Mediaş, liegt 18 Kilometer entfernt. Auf den Straßen zwischen den Dörfern irren die Leute durch die Gegend, die meisten zu Fuß, manche unauffällig, manche auffällig, torkelnd oder mit den Armen rudernd, ein paar lenken Pferdewägen, die meisten grüßen uns und wir grüßen zurück. Etliche fahren wie wir in Automobilen.

20.12.

Roland hat eine superdumme Mütze auf. Vor der Abreise hat er noch eine neue gekauft. Ich weiß nicht, woran das liegt, dass die so blöd aussieht, früher war das doch auch nicht so. Nach nur wenigen Minuten rutscht die Mütze nach oben, um etwa zwei Zentimeter über den Ohren ihre Endposition einzunehmen. Vorne genau am Haaransatz, hinten recht weit oben. So eine Mischung aus Schlumpf- und Kondommütze. Ich habe zufällig genau die gleiche auf, bloß in einer anderen Farbe. Ich sehe genauso dämlich aus, Dreck.

»Benzino grazie.« Roland bedankt sich beim ungarischen Tankwart für den Sprit und weiter geht die Fahrt. Trotz Aufklärung meinerseits, dass wir auf gar keinen Fall ein Land passieren werden, in dem »grazie« ein gebräuchliches Wort für »danke« ist, sollte ihm das noch dreimal passieren.

Meine schlimmsten Befürchtungen haben sich bewahrheitet. Ich sehe zu Roland rüber. Er fährt wie ein verdammter Blinder, den Sitz ganz vorne, in senkrechter Position, auf der Landstraße mit 60 Sachen. Permanent hupt es. Lastwagen überholen uns, Lichthupe, Lichthupe, Lichthupe. In jeder Kurve wird völlig grundlos auf 40 runter gebremst. Und dann noch diese Mütze auf seinem Kopf, wie ein absoluter Idiot. Nach zwei Stunden wird wieder gewechselt. Endlich kann auch ich mich etwas entspannen.

Aus Rolands Zimmer klackert der Laptop. Jetzt schreibt der schon! Würde mich ja brennend interessieren, über was. Eventuell über die scheiß Kälte. Gestern sind wir angekommen in Alma Vii. Das Einzige, was wir hatten, war eine Hausnummer, leider funktioniert das GPS hier nicht. Wir fuhren ein bisschen auf und ab, und weil es wahrscheinlich nicht so oft vorkommt, dass spätnachts noch ein Auto zu hören ist, wurden Frau Maria und Herr Liviu auf uns aufmerksam, kamen aus ihrem Haus heraus und begrüßten uns. Wir stotterten

Sonntagsausflug ins Internetcafé von Sibiu. Wer sagt,
wir sehen aufgrund unseres Mützenstyles aus wie Trottel,
beleidigt das ganze rumänische Volk.

unsere zwei Begrüßungssätze herunter, die auf der Herfahrt beharr-
lich auswendig gelernt wurden. Man führte uns zum Haus. In einem
Zimmer war bereits ein Ofen für uns angeheizt. In diesem stand ein
gemütliches Doppelbett.

So gerne und so oft ich mir schon mit Van Oystern die Matratze
teilte, hoffte ich doch inständig, dass es nicht für die nächsten 80 Tage
sein wird.

Mittlerweile hat sich herausgestellt, dass man den richtigen Mützen-
Style für Rumänien zwar nicht gewählt, aber durch eine gute Fügung
abbekommen hat.

Hier laufen nämlich alle so rum.

21.12.

Jeder hat ein eigenes Zimmer mit eigenem Bett und Ofen. Bei permanenter Befeuerung ist es mit zwei Pullis, Mütze und langer Unterhose gerade so auszuhalten. Sobald das Ding aber aus ist, kühlt es binnen Minuten auf Temperaturen runter, die jeder Beschreibung spotten. Zweimal helfe ich Van Oystern den Ofen anzumachen. Wenn er ihn ein drittes Mal ausgehen lässt, helfe ich ihm natürlich auch wieder, würde ihn aber einen Klaus heißen.

22.12.

Sonntag ist Internet- und Kommunikationstag. Das wurde einvernehmlich festgelegt.

In unserem Haus gibt es leider keinen Telefonanschluss und somit wohl leider auch kein Internet.

Wir machen uns also auf ins 70 Kilometer entfernte Sibiu, um ein Internetcafé aufzusuchen. 70 Kilometer bedeuten in Rumänien anderthalb Stunden Fahrtzeit.

Roland ist Sozialhilfe-Empfänger. Wobei das nicht ganz richtig ist. Was er empfängt sind die Kosten für seinen Wohnungserhalt und eine Krankenversicherung. Alles andere wurde ihm Stück für Stück wegrationalisiert, aufgrund irgendwelcher Unpässlichkeiten oder anderer Verfehlungen, wie zum Beispiel nicht beim Paketversandzentrum der Deutschen Post arbeiten zu wollen.

Nun bangt er ein wenig um die verbliebenen Leistungen, da er für die kommenden drei Monate seinem Sachbearbeiter nicht zur Verfügung stehen wird und der nächste Vorstelligkeitstermin auf Anfang Januar terminiert sein könnte. Das hat er im Gefühl.

Rolands Strategie im Umgang mit dem Geldamt ist zwar nicht die effektivste, aber, wie ich finde, die schönste. Er erzählt frei von der Seele von all seinen kulturellen Aktivitäten und Projekten. Er erzählt von seinen Bands, seinem Label, der Schriftstellerei, Konzerten, Touren, und, und, und.»Da wieder nach Hamburg gefahren zum Vorlesen und da wieder ein Konzert in Ulm gegeben; Geld gab es leider diesmal wieder keines, aber das kommt bestimmt bald ... bestimmt. Letzten Monat eine richtige CD mit dem eigenen Label herausgebracht und sogar schon fünf Stück verkauft ...«

Er ist freundlich naiv und berichtet völlig begeistert, ohne Unterlass, bis sich der Sachbearbeiter Folgendes denken muss: absolut motiviert. 100% fehlgeleitet.

Ich stelle mir vor, dass eine Unterredung dieser Art auch beim härtesten Jobandreher den Keim der Unsicherheit pflanzen könnte, ob es vielleicht doch Menschen gibt, die man einfach nicht an den herkömmlichen Arbeitsmarkt hinbekommt. Und dass es dann vielleicht auch besser für den Markt wäre.

Jedenfalls geht es wohl nicht ganz ohne Dazutun, und so musste Roland auch schon die ein oder andere Bewerbung versenden:»Hiermit bewerbe ich mich auf die Stelle als [genauer Wortlaut der Stellenbezeichnung eingefügt].« Mehr nicht. Das ist alles. Und so bekommt Roland Vorstellungsgespräche. Natürlich kann er zu selbigen nicht hingehen, weil die Gefahr einfach zu groß ist, in den Stand des Arbeitnehmers abzurutschen, und so gibt es dann wieder Probleme ...

In Sibiu finden wir dank eines Plakates den Internet-Raum, Café wäre irgendwie nicht der passende Ausdruck. Es werden ein paar Bilder für die Lieben daheim hochgeladen und dann ist es auch schon vier Uhr.

Wir müssen wieder nach Hause fahren, denn Frau Rost, unsere Vermieterin, hat sich angekündigt. Es gäbe im Dorf eine alte Schule mit Telefonanschluss und vielleicht kann man da ins Internet.

Es gilt, dies später herauszufinden.

Auf halber Strecke verfährt sich Roland, und beim Versuch, zu wenden, landen wir im Straßengraben. Das Lustige daran: nicht beim Rückwärts-, sondern beim Vorwärtsfahren. Van Oystern scheint es entgangen zu sein, dass es unmittelbar neben der Straße nach unten geht. Dem Eingreifen beherzter Anwohner ist es geschuldet, dass wir unsere Fahrt fortführen können. Während Roland im Rückwärtsgang mit Vollgas das Pedal durchdrückt, schieben wir zu fünft das Auto wieder auf die Straße.

Wir haben einen Brunnen im Garten, der uns mit Wasser versorgt. Außerdem ist im Haus ein Boiler installiert, der das Wasser erwärmt und sogar erhitzt. Aus der Dusche kommt es hauptsächlich in dünnen Rinnsalen heraus, Ferdinand muss den kleinen Duschkopf eilends über seinen großen Körper gleiten lassen, damit er überall wenigstens ein bisschen nass wird.

Die Türen in unserem Haus sind niedrig und verlangen ihm einiges an Umsicht ab. Zu Hause, in der eigenen Wohnung, hat sich Ferdinand einmal so schlimm den Kopf am Türrahmen angeschlagen, dass er erst eine Viertelstunde später auf dem Wohnungsflur liegend wieder zu sich gekommen war. So ein Missgeschick soll sich nicht wiederholen.

Das Feuer in den Holzöfen zu entfachen, gelang Ferdinand auf Anhieb. Zwei, drei Mal hat er mir dabei geholfen, jetzt gelingt es auch mir schon viel besser.

Morgens neigen wir dazu, wach im kalten Bett liegen zu bleiben. Weil es außerhalb des Betts noch kälter ist, liegen wir darin fest und stehen nicht auf. »Das muss sich ändern!«, fordert Ferdinand von sich selbst, »aufwachen und dann – zack! – raus aus dem Bett!« Die Schwachheit soll aus seinem Körper weichen. »Schwinden soll sie, die Weichheit! Auf dass wir dem Winter bald schon ins Gesicht lachen!« Anstatt den ganzen Tag Dahocken und Cola saufen, sollen Colaverzicht und körperliche Ertüchtigung seinen Körper stählen und vor allzu zeitiger Versteinerung bewahren. Nach dem Aufstehen treffen wir uns zum Yoga. Ferdinand hat darin schon ein bisschen Erfahrung, darum leitet er die Übungen an. Wir haben noch Übungskarten, für später, wenn seine Yoga-Skills aufgebraucht sind. Das Morgenyoga läuft ganz gut, das Abendyoga fand einmal statt

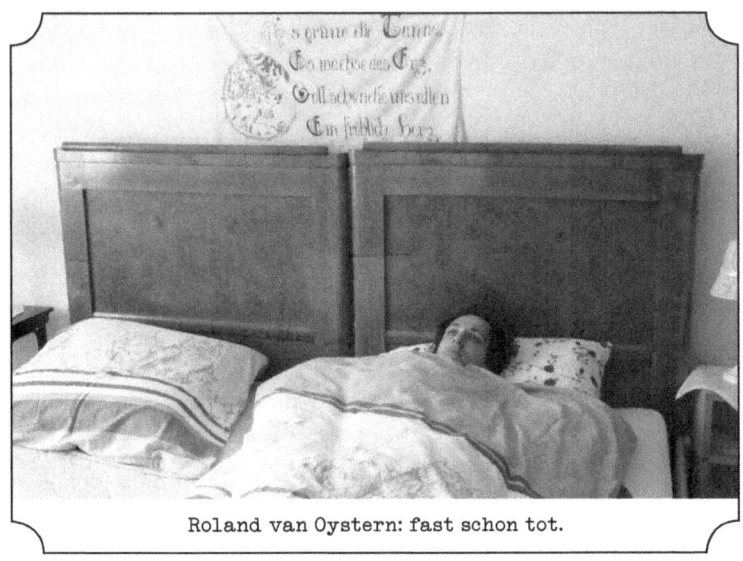
Roland van Oystern: fast schon tot.

und fiel einmal aus. Zum Joggen ist es zu matschig. Wir wollten es ausprobieren, es ging aber nicht. Spaziergänge funktionieren einwandfrei.

24.12.2014
Tag 7, Mittwoch

Das Abendyoga fiel gestern schon wieder aus, wahrscheinlich fällt es noch öfter aus.

Wir verfügen in unserem Haus über drei Räume und zwei Badezimmer, die je eine Toilette und eine Dusche enthalten. Die Temperatur des Wassers lässt sich nur nicht besonders zuverlässig einstellen, während der Waschung kommt es in unregelmäßigen Abständen irre heiß. Eine unerfreuliche Eigenheit besitzt speziell Ferdinands Dusche. Vom Duschkopf geht im 90-Grad-Winkel ein Strahl ab, der einzige tatsächliche Strahl, der herauskommt, und der zielt auf seine Hand. Und jedes Mal also, wenn's plötzlich heiß wird, verbrüht dieser scheiß Strahl die Hand.

Um die rumänische Sprache zu erlernen, fragen wir einander nach dem Frühstück gegenseitig unsere wenigen bisher notierten Vokabeln ab. Die Eselsbrücken gewähren einen ernüchternden Einblick in den eigenen Hirnkasten. »Frohe Weihnachten!« heißt »Crăcium fericit!« und hört sich für uns an wie »Krakau verrecke!«. Der Satz »Das ist unser kleines Geschenk.« enthält die rumänischen Wörter »cadoul« für »Geschenk« und »nostru« für »unser«, was wir uns mit Cthulhu und Nosferatu versuchen einzuprägen. Horrorgeschichten beschäftigen uns beide von klein auf. Ferdinand fürchtet sich heute fast noch mehr als früher. Wenn er nachts allein einen zu gruseligen Film schaut oder ein zu gruseliges Buch liest, muss er hernach drei Folgen Star Trek gucken, um einschlafen zu können. Die unwillkürliche Bildung wüster Parolen wie »Krakau verrecke!« muss auf den in Jugendjahren so schwerwiegend verinnerlichten Deutschpunk zurückzuführen sein.

24.12.

Frau Maria ist lieb. Wir verstehen zwar kein Wort, was sie oder ihr Mann Herr Liviu sagen, aber irgendwie versteht man sich dann doch. Frau Maria und ihre Freundinnen backen Brot bei uns in der Sommerküche. Wie in der Fernsehdoku kann man sich das vorstellen. Alte Frauen mit roten Bäckchen, ein paar fehlenden Zähnen, schmutzigen Strickjacken, Kopftüchern und gütigen Gesichtern backen tonnenweise süßes Brot fürs ganze Dorf. Wir sind dabei auch nicht zu kurz gekommen. Dass wir kein Fleisch mögen, Roland sogar überhaupt keine tierischen Produkte, war schockierend für sie. Roland konnte es aber wieder ein bisschen geraderücken, indem er versichert, auf jeden Fall Schnaps und Wein zu trinken, und so bringt uns Frau Maria am Weihnachtsabend einen riesengroßen Topf Sauerkraut mit Soja-Brocken und einer Plastikflasche von Livius Selbstgebranntem. Während bei uns diese Seitan- und Soja-Produkte den ernährungsbewussten Besserverdienern vorbehalten sind, sind sie hier spottbillig und scheinen nur einen Zweck zu erfüllen: Fleisch zu ersetzen für Leute, die sich kein Fleisch leisten können.

Bescherung, Bescherung!

Van Oystern hat von seiner Mutter eine kleine Schatulle bekommen. Darin befand sich eine halbe Walnussschale mit einem kleinen Jesuskind darin. Eine ähnliche hat wohl der Opa im Krieg dabei gehabt, und der ist heil zurückgekommen. Diese soll ganz bestimmt den Roland heil zurückbringen.

Aus seinem Krieg, oder seinem Kriegsersatz.

Roland meint, dass unser Unterfangen eventuell auf dem Kriegskomplex unserer ganzen Generation beruhen könnte. Wenn einem ewig der Krieg vorenthalten wird, zieht man dann in seinen eigenen, selber ausgedachten.

Generation Kriegsersatz.

Gregor, ein gemeinsamer Freund und Bandkollege, hat uns auch ein Päckchen mitgegeben. Darin befinden sich vier große Gläser voll Okraschoten und ein Zettel auf dem zu lesen steht: »In bester Gesellschaft kommt nur das Beste auf den Tisch.«

In bester Gesellschaft kommt nur das Beste auf den Tisch.
Frohe Weihnachten!

Unser kleines Geschenk – eine Packung Kaffee und zwei Tafeln Schokolade – war für Frau Maria und ihren Mann Liviu. Frau Maria und Liviu wohnen in Haus 53. Frau Maria hat uns für die Feiertage einen feinen Krauttopf gekocht und Liviu hat noch eine Flasche von seinem Klaren dazugegeben, der in seinem Werkzeugschuppen in einem verrosteten Kessel zu seinem Geist kam.

Am Heiligabend fand sich vor unserer Haustüre ein Grüppchen von Jungen ein, um etwas für uns zu singen. Wir waren über diesen Brauch zuvor in Kenntnis gesetzt worden und deshalb nicht unvorbereitet, so bedankten wir uns bei den Jungen ebenfalls mit einem Lied. Wir sangen ihnen »Feliz Navidad« auf Rumänisch, also »Cräcium Fericit«, und Ferdinand begleitete uns auf der Gitarre. Anschließend gab es für die Jungen, wie bei diesem Brauch üblich, Süßigkeiten und ein paar Geldscheine. Ferdinand gab ihnen obendrauf eine der beiden Kokosnüsse, die wir im Lidl von Mediaş eingekauft hatten – etliche der berühmten deutschen Supermärkte gibt es nämlich auch in Rumänien.

Für die Duschproblematik hat Ferdinand inzwischen eine Lösung gefunden. Er hält den Duschkopf nicht mehr direkt an seinem Griff, sondern etwas weiter hinten, mit zwei bis drei Fingern, am Schlauch, der wird zwar auch heiß, aber: »Da muss man halt ein bisschen bei der Sache sein!«

Anstatt sich an unabänderlichen Umständen zu stören, arrangiert sich Ferdinand im Allgemeinen mit ihnen. Alles andere wäre auch nicht klug, sondern – ja: dumm.

Was tatsächlich krass kommt: jemandem eine Weile mit einer Axt in der Hand hinterhergehen. Das ist mir vorhin zufällig passiert, weil ich sie noch in der Hand hatte, nicht an einem unbestimmten Ort abstellen wollte und damit beschäftigt war, Ferdinands Schritten zu folgen. Na ja, jedenfalls: Jemandem mit der Axt hinterherzugehen kann seltsame Gefühle in einem auslösen, schließlich handelt es sich um ein Mordwerkzeug, ein potenzielles Mordwerkzeug muss es heißen. Seit Ferdinand sein Auto mit einem Schraubenzieher auf- und zusperrt, sagt er oft, dass er damit auch manchmal einen absticht, einfach so, im Vorbeigehen, oder wenn jemand ihm dumm kommt, schon passiert's. Der Schraubenzieher ist inzwischen weg, dafür befand sich unter Lisas Weihnachtsgeschenken ein Messer. Ein schönes Messer, geschützt durch eine prächtige goldene Scheide. Immer mal wieder zieht Ferdinand es heraus, schaut es sich aufmerksam an und sagt dann nicht ganz ohne Stolz: »So ein richtiges Abstechmesser ist das.«

Das Morgenyoga läuft gut. Heute waren wir auch joggen. Auf der geteerten Straße, die aus dem Dorf führt, ist es möglich. Wir begannen damit erst außer Sichtweite, und wenn ein Auto aus oder nach Alma Vii kam, stellten wir um auf normales Wandern. Joggen ist unserer Einschätzung nach im ländlichen, vielleicht auch in ganz Rumänien nicht besonders angesehen, und wir wollen nicht unangenehm auffallen. Als das Jogging im vergangenen Jahrhundert langsam Verbreitung in der Welt fand, wurden in Neuseeland erste Anhänger des neuen Sports wegen ihres seltsamen Verhaltens von der Polizei festgenommen. Und Anfang der 1990er Jahre empfanden rumänische Emigranten nach ihrer Ankunft im Westen eine vergleichbare Verwunderung beim Betrachten der ihnen bis dahin unbekannten Beschäftigung. Lächerlich, einfach nur lächerlich, soll es überlieferten Berichten nach für sie ausgesehen haben. Ferdinand und ich joggen also lieber ungesehen durch die Gegend.

25.12.

Im Dorf zogen gestern Kindergrüppchen von Tür zu Tür, um die Gläubigen mit schönem Gesang zu beglücken und dabei eventuell ein Scheinchen oder etwas Süßes abzugreifen. Maria hat uns von diesem

Brauch erzählt. Wenn es uns zu viel werden sollte, einfach die Türe absperren.

Wir verbrachten den Tag mit Sprachaufnahmen für ein Hörspiel. In Rolands Zimmer hatten wir eine Gesangskabine aus alten Matratzen und Wolldecken zusammengebastelt. Den starken, nach Schaf riechenden Ausdünstungen der Decken war es geschuldet, dass die Kabine bald nur noch »Stinkkammer« genannt wurde.

Mitten in den Aufnahmen klingelte es plötzlich an der Türe. Ganz aufgeregt griff Roland zu seinem Eierbeutel, den er extra zu diesem Anlass gekauft hatte. Kleine bunte Zuckereier mit Farbstoffüberzug. Im Supermarkt riet ich schon vom Kauf ab. Schmecken wie Würfelzucker und haben die Konsistenz von Mehl. Die madigste Süßigkeit, die es gibt. Nachdem die fünf Jungs im Alter zwischen zehn und fünfzehn Jahren ein rumänisches Weihnachtslied gesungen hatten, verteilte Roland gönnerhaft seine Zuckereier. Der erste Boy schaute etwas verstört, als Roland ihm einen guten Schwung aus seinem Beutel in die Hände schüttete. Der nächste an der Reihe winkte sofort ab und alle anderen taten es ihm gleich. Roland kramte etwas herum und fand noch eine Kokosnuss, die er einem in die Hand drückte. Und als ob das nicht genug gewesen wäre, fing er an, ihnen etwas vorzusingen: »Feliz Navidad«, begleitet von mir auf der Gitarre. Ich wette, da hatten die Kids sehr Bock drauf.

Die Türe mussten wir an diesem Abend nicht zusperren, da es sich wohl unter den Grüppchen herumgesprochen hatte, wie unfassbar scheiße die Ausbeute bei uns war.

Farbenpracht

von Ferdinand Führer

Im Grünen wie im Blauen
Im Gelben wie im Braunen
Im Roten wie im Weißen
Will ich die Farben preisen

Der Besuch

von Roland van Oystern

Hinkereim, Hinkereim
Schaut zu mir ins Zimmer rein

Der Hunger ist der beste Koch.

26.12.

Wahnsinn, wie egal Roland bestimmte Dinge sind. Das Essen zum Beispiel. Es ist ihm scheißegal, was es gibt.

Würde ich darauf bestehen, dass es von jetzt an nur noch gelbe Rüben und Apfelsaft geben sollte, er würde mitziehen. Nicht aber aus Gefälligkeit oder sonst einem wirren Motiv, sondern allein aufgrund der Tatsache, dass es ihn nicht juckt.

Salz ist mein liebstes Gewürz. Für mich muss jede Speise den richtigen Salzgehalt auf der Zunge vorweisen können. Roland ist das relativ wurscht. Ich könnte ihm eine Kartoffelsuppe vorsetzen und völlig auf die Verwendung des köstlichen NaCls verzichten. Niemals würde er aufstehen, um den Salzstreuer zu holen. Warum auch, ein Essen, das gut schmeckt, ist nicht besser als ein Essen, das schlecht schmeckt.

Zum Morgenyoga kredenzt Ferdinand uns täglich wahren Power-sound. Kiss, Michael Jackson, Falco, Madonna. Jeder von Ferdinand ausgewählte Interpret beschert die optimale musikalische Unter-malung. Ich bin schon gespannt auf die angekündigte Workout-Compilation. Ferdinand wird sie später zusammenstellen. (Wer mag, kann sie von mir überspielt bekommen.)

Ferdinands Schlüsselbund und sein Geldbeutel sind mit einer Kette verbunden, der Schlüsselbund steckt in der vorderen Hosentasche, der Geldbeutel in der hinteren. Das ist praktisch und sieht lässig aus und ist ein ganz gutes System für einen Menschen, dem alles herunterfällt und verloren und kaputt geht.

Auf unserem gestrigen Abendspaziergang verriet Ferdinand mir Bestandteile seines Rezepts für dauerhaftes Glück in der Partner-schaft, enthielt mir aber auch einen bestehenden Reibungspunkt nicht vor. Folgenden: Gelegentlich wird er in eine Rolle gedrängt, die er gerade als emanzipierter Mann keinesfalls annehmen möchte. Immer wieder, wenn ein Haushaltsgerät oder anderer technischer Firlefanz nicht funktioniert, fordert seine Freundin von ihm, es sich anzusehen, schlimmer noch: zu reparieren, dafür zu sorgen, dass es wieder funktioniert. Dabei verspürt er ebenso wenig Interesse wie sie, sich mit so etwas auseinanderzusetzen.

»Ich habe ein Recht auf zwei linke Hände!« rief er aus, und ergänzte: »So kannst du mich zitieren, hörst du, wörtlich!«

Vorhin, während ich ihm gerade eine Ananas schälte, warf Ferdi-nand überraschend die Frage auf, ob wir an Silvester unter Umstän-den etwas unternehmen wollen, zum Beispiel einen Ausflug in eine Disco. Eine Unternehmung zu Silvester, noch dazu außerhalb des Dorfs, hatte ich bisher nicht als Möglichkeit in Betracht gezogen.

Ferdinand mag Silvester eigentlich gar nicht besonders, und ich, na, ich eigentlich auch nicht. Und so schnell die Überlegung aufgetaucht war, so schnell war sie wieder verschwunden. »Ich bin mit einem Silvesterfest in unserem Dorf völlig zufrieden«, stärkte Ferdinand den gefassten Entschluss und kramte dabei in unseren Lebensmittelvorräten. »So lange ich zu Silvester Şniţel vegetal und eine Kokosnuss verspeisen kann«, sagte er, »brauche ich überhaupt keine Disco.«

30.12.2014
Tag 13, Dienstag

»Man ist hier den ganzen Tag damit beschäftigt, den Status quo aufrecht zu erhalten«, ruft Ferdinand aus dem Auto heraus, das nicht mehr anspringen will. Der Winter ist inzwischen eingebrochen, es schneit gemächlich vor sich hin, unentwegt, mal in dünnen, mal in dicken Flocken, aus dem Radio dudelt karibischer Sound, der Schnee wird höher und höher. Vor zwei Tagen haben wir 50 % Elektrizität eingebüßt. Durch einen Kurzschluss vermutlich sind alle fest installierten Lampen ausgegangen, aber aus den Steckdosen kommt nach wie vor Strom. Es gibt nur einen Sicherungsschalter, und der ist eingeschaltet. Keine Ahnung.

Und beinahe hätten wir auch noch ein erhebliches Maß an Mobilität verloren: Wir schippten den Schnee um das Auto beiseite und schoben es an. Das Auto stand vor unserem Haus auf einem Abhang. Trotz Abhang bekamen wir das Auto nicht vom Fleck. Ein Typ kam des Wegs, erkannte die Problematik und half schieben. Schon war das Auto auf der Straße. Noch drei, vier Typen eilten hinzu, alle schoben, Ferdinand gab Gas, das Auto fuhr. »Mulţumesc!« (»Vielen Dank!«) riefen wir, fuhren davon und winkten, die Typen winkten auch. Die Mobilität war wieder hergestellt. Wie oft wohl wird sich dieses Szenario noch so oder ähnlich abspielen?

Morgens oder mittags, meistens schon morgens, kommt Ferdinand nach dem Aufwachen nicht so zügig aus dem Bett, wie er es sich wünscht. Das Frieren nötigt ihn zum Festhalten an der kläglichen Restwärme und bringt ihn ab vom schlichten, entschlossenen Heraussteigen. Mir geht es genauso, das plumpe Daliegen macht mir nur nicht besonders viel aus. Als ich gestern in den Zwischenraum trat – den Raum zwischen unseren Zimmern – saß Ferdinand dort wie üblich rauchend und Kaffee trinkend, dazu paukte er Rumänisch-Vokabeln, hatte in seinem Zimmer bereits das Feuer im Ofen entfacht und im Garten barfuß einen Schneespaziergang abgehalten. »Macht man so als Naturmensch«, lautete sein bescheidener Kommentar. Mit dem Morgenyoga hatte er auf mich gewartet, das Zittern und Schwanken wird schon weniger.

31.12.2014
Tag 14, Mittwoch

Ferdinand schimpft auf seinen Ofen ein. »Geh an, du scheiß Ding, mach's so richtig schön warm, du hässliches Ding!« Die beiden Fensterscheiben in seinem Zimmer sind von innen gefroren. Seit heute gibt es kein heißes Wasser mehr, auch kein warmes, es kommt nur noch eiskalt aus dem Hahn. Am Hahn in der Sommerküche, wo sich auch der Boiler befindet, hängt ein Eiszapfen. Ferdinand hält seinen nackten Fuß vor den brennenden Ofen, der Fuß ist ihm über Nacht eingefroren. »Schlimm, schlimmer Eisfuß«, klagt er, »fühlt sich scheußlich an ... Was meinst du, können wir vielleicht ein Stück vom Haus anzünden und das Feuer so konstant halten? Irgendwie muss man den Raum doch warm bekommen!«

»Boah!«, platzt es aus ihm heraus, »scheiß Rumänien! Hast du gewusst, dass es hier so kalt wird?«

Ich weiß nicht so recht, was ich antworten soll, murmele Unverständliches und setze die Schwere der Situation verkennend ein Töpfchen Tee auf dem Ofen ab.

»Bist du verrückt geworden?«, ruft Ferdinand, »das zieht mindestens drei Prozent Wärme ab!« Er reibt sich seinen Fuß, beschwörerisch stiert er in seinen Ofen. »Bei Nacht ist der Ofen ein funkelndes Monstrum! Durch die Ritzen wirft die Glut ein irres Licht an die Wände, wie in der Disco.« Ferdinand stellt Überlegungen zur Optimierung seiner Zimmereinrichtung an: »Vielleicht wenn ich das Bett direkt neben den Ofen stelle, dann könnte ich vom Bett aus nachlegen, vielleicht sogar im Schlaf?« Er hält einen Moment inne. »Das ist auch ein bisschen gefährlich allerdings.« Auf Anhieb kommt es zu keinem Entschluss.

Mittags tauchten überraschend Maria und Liviu auf, mit Rohren – damit haben wir gemeinsam einen zweiten Ofen in der Sommerküche angeschlossen, der wird jetzt beheizt, und dann, mal sehen, wenn es warm genug wird, will der Boiler vielleicht wieder. Außerdem hat uns Liviu die Elektrizität zurückgegeben, indem er fünf Schalter umgelegt hat, fünf Schalter, die sich direkt über dem einen Schalter befanden, dem einen, dem alleinig unsere ganze Aufmerksamkeit galt. Es ist nicht so, dass wir nicht nach anderen Ausschau gehalten hätten. Das ganze Haus und völlig irrsinniger Weise sogar die Holzschuppen haben wir nach weiteren Sicherungskästen abgesucht. Aber die fünf relevanten Schalter befanden sich direkt über dem einen. Als Maria und Liviu weg waren, stellten wir uns eine Weile vor den Kasten, um unsere Fassungslosigkeit zu verarbeiten. Es war nur schwer zu glauben. Ist das Dummheit? Was ist das?

31.12.

Das Gericht, von dem wir uns die meiste Zeit ernähren, hat den Namen »der heiße Eimer« bekommen. Ein Baaz, der entsteht, wenn man ein paar Dosen Gemüse zusammenmischt und erwärmt. Additional mit scharfem Gewürz: »der scharfe Eimer«. Oder am nächsten Tag, wenn man zu faul ist, den Topf nochmal auf die Herdplatte zu stellen: »der kalte Eimer«. Damit wären so ziemlich alle Facetten der Ernährung beschrieben.

Heute aber gibt es zur Feier des Tages ein richtiges Mahl, bestehend aus Salat, Kartoffeln und Soja-Schnitzel, denn es ist Silvester.

Dazu einen Film mit Marky Mark in der Hauptrolle. Ob es ihn nervt, wenn irgendwelche Witzbolde ihn heute noch so nennen? Egal, denn gleich ist es zwölf Uhr.

Ich blicke zu Roland hinüber. Wir stehen auf der verschneiten Straße vor unserem Haus, voller Erwartung auf das bestimmt gleich folgende Spektakel. Und dann passiert es: Die Uhr schlägt zwölf und es ist nichts, aber auch gar nichts zu hören. Nicht ein Böller, nicht ein Schrei, kein einziger Mensch außer uns auf der Straße. Völlig fasziniert stehen wir noch eine halbe Stunde draußen herum. Wahnsinn, Roland spricht noch ein paar anerkennende Worte über das rumänische Volk und ihren Umgang mit offiziellen Feiertagen, dann gehen wir wieder rein und schauen den Film zu Ende.

01.01.2015
Tag 15, Donnerstag

Zu Weihnachten hat Ferdinand mir zwei Knallhütchen geschenkt. Kurz vor Mitternacht sind wir damit vors Haus gegangen, um an deren Schnürchen zu ziehen. Wir standen dort ganz allein, niemand war auf der Straße. Nach einer Weile forderte Ferdinand mich auf, die Uhrzeit zu überprüfen. Es war 00:01 Uhr. Wir zogen an den Schnürchen und umarmten uns. Aus zwei Häusern drang Musik. Kein Countdown, kein Jubel, gar nichts. Wir gingen die Straße rauf und wieder runter, dann gingen wir zurück ins Haus.

Neujahr. »Ofen heißt sobă, stimmt's?«, fragt Ferdinand. »Sobă, ja, stimmt«, antworte ich. Ferdinand hält sich einen Fuß davor. »Die Kälte kriecht mir vom Fuß in den Körper, das sage ich dir.«
Er tut mir leid, mit seinem Kältefuß ... oder Eisfuß. »Füße« muss es eigentlich heißen, Mehrzahl, denn beide sind betroffen. »Die Rumänen haben bloß ein Wort für Ofen«, sagt er. »Die bräuchten davon eigentlich viel mehr. So wie die Eskimos, die haben 50 Wörter für Eis.« »Die Rumänen sind ein karges Volk«, sage ich. »Ganz anders als die lebensbejahenden Eskimos, die sich tagein, tagaus

an ihren zahlreichen Wörtern erfreuen.« Ferdinand ignoriert die moderat witzige Aussage. »Man bräuchte so eine Ein-Mann-Sauna, kennst du die? Am besten eine, in der man herumlaufen kann.«

Wir beheizen die ans Haus anschließende Sommerküche seit anderthalb Tagen in der Hoffnung, die Leitungen mögen auftauen; warmes Wasser kommt trotzdem keins. Das Wasser ist so kalt, es schmerzt beim Händewaschen. Überhaupt, die Hände: werden ohnehin nicht mehr sauber, um die Fingernägel herum bilden sich unbemerkt Blutkrusten. Manchmal guckt man sich auf die Hände und ist überrascht, wie die eigentlich aussehen. Wenn das warme Wasser ausbleibt, suchen wir am Sonntag in Sibiu ein Hallenbad auf. Hoffentlich gibt es eines.

Ferdinand schnallt sich eine Wärmflasche an seine Füße. »Wärmflaschenschuhe, dass es so etwas noch nicht gibt? Oder gibt es das?« Wir überlegen ein bisschen, wissen es aber nicht. »Wenn man sich nicht wäscht«, stellt Ferdinand fest, »hat man auch gar keine Veranlassung, seine Unterwäsche zu wechseln.« Was uns beide betrifft, spricht er damit die Wahrheit aus. Man riecht bei den Temperaturen aber eh kaum was.

1.1.

Heute beginnt für Roland ein Tag, der nach aller Wahrscheinlichkeit genauso verlaufen wird wie die letzten Tage. Es ist wirklich unfassbar kalt. An allen Fenstern im Haus ist von innen eine circa zwei Zentimeter dicke Eisschicht, alle Konserven gefrieren, sodass Roland sie in seinen hölzernen Zimmerschrank packen musste. Den benutzt er ja eh nicht, weil »der stinkt«. Morgens liegt Roland im wachen Zustand noch zwei Stunden im Bett, weil er vor lauter Kälte nicht aufstehen mag. Wenn man dann doch mal auf den Beinen ist, dauert es nochmal zwei Stunden, bis alle drei Öfen befeuert sind und halbwegs Wärme abgeben. Und wehe, einer geht aus. Binnen Minuten kriecht die Kälte zurück, als wäre das scheiß Teil nie an gewesen. Ich trage tagsüber drei Pullover übereinander, Roland nur einen. Ich sage ihm tausendmal: »Zieh dir mehr an!« Er macht es einfach nicht, keine Ahnung warum. Gebückt und zitternd läuft er durchs Haus, von einem Ofen zum anderen und wieder zurück. Und das ist eigentlich auch schon seine Hauptbeschäftigung. Unlängst sind die Deckenlampen ausgefallen, was eigentlich nicht so schlimm ist, denn die Steckdosen liefern weiterhin einen guten Strom. Wirklich schlimm hingegen ist das Fehlen des heißen Wassers. Der Boiler ist eingefroren und macht keine Anstalten, jemals wieder aufzutauen. Duschen ist einfach nicht möglich, einerlei wie stark der Wunsch nach Hygiene auch ist. Händewaschen tut richtig weh.

Oft beklagt Roland den Zustand seiner Haare: »Die stinken so, wenn sie ins Gesicht hängen.«

Ich rieche gar nichts mehr, es ist einfach nur kalt.

Der Neujahrs-Latte-Macchiato.
2015, wird höchstwahrscheinlich beschissen.

4.1.

Roland liest die ganze Zeit in diesem blöden Almen-Buch.

Almen ist der deutsche Name für Alma Vii, das Dorf hat in etwa 400 Einwohner und kann in fünf Minuten einmal komplett durchquert werden. Das Buch ist ein Wahnsinnswerk und ich möchte es jedem vorbehaltlos empfehlen.

Es wurde vor der Abreise noch bestellt und ist in keinem Verlag erschienen. Geschrieben hat es ein Typ, der hier in Almen Lehrer war, seit 30 Jahren aber in Crailsheim wohnt. Jedes Haus ist aufgeführt, oftmals mit Bild, mit all seinen Vorbesitzern und wann sie ihren Besitz an wen verkauft haben. Alles namentlich, zum Teil auch mit Telefonnummern.

Interessiert es einen, wer 1963 ein »fleißiger«, »mittelguter« oder »minderer« Beamter war? Hier steht es drin. Namentlich! Mit ein bisschen Recherche könnte man bestimmt den einen oder andern Herrn mittleren Alters ausfindig machen und ihn zu Recht »Sohn eines minderen Beamten« schimpfen.

Gott, jeder Erdhügel wird im Buch genau beschrieben. Auch die, die es nur ein paar Jahre lang gab und dann aus irgendeinem Grund abgetragen wurden. Klimaveränderungen, Flussverlauf, Bodenbeschaffenheiten, Pflanzen, Tiere, Schädlinge ... alles, was es gab und gibt, in und um Almen.

In unserem Haus befinden sich schon seit unserer Ankunft mehrere Hefte, Infobroschüren und Flyer, teils auf Rumänisch, teils auf Deutsch, teils zweisprachig.

Darunter befindet sich Rolands zweitliebste Lektüre: »Der Holznagel«. Zeitschrift für die IgB: Interessengemeinschaft Bauernhaus. Ein Fanzine für Scheunen-Freaks und Bauernhaus-Nerds.

In der aktuellen Ausgabe befindet sich eine Anleitung zum Scheunen-selber-Bauen. Holzverarbeitung, Altersbestimmung für Baustoffe, Ziegel, Bruchstein, Pfostenbauten. Alles, was man wissen muss.

Wir leben seit zweieinhalb Wochen in der falschen Zeit. Seit wir in Rumänien sind, verstellen sich ständig die Uhren. Auf dem Display des Handys, das eigentlich nur noch als Uhr dient, zeigt es sogar zwei verschiedene Zeiten an, die stimmen allerdings beide nicht. Unser Vertrauen schenkten wir von Anfang an der kleinen Holzuhr im Zwischenraum, nachdem Ferdinand diese von einer völlig falschen Uhrzeit eigenhändig auf die vermeintlich richtige umgestellt hatte, aber auch die lief bis gestern falsch, sie ging genau eine Stunde nach. Das heißt, dass wir zum Beispiel in der Silvesternacht nicht um Mitternacht, sondern so gegen Eins völlig allein auf der Straße gestanden haben. Allerdings war eine Stunde zuvor auch kein Jubel von draußen zu vernehmen, und eine Stunde später lag kein einziger abgebrannter Feuerwerkskörper im Schnee. Wir hätten sicher auch eine Stunde zuvor allein auf der Straße gestanden.

Am Freitagabend stellten wir das Befeuern der Sommerküche ein, weil wir nicht länger Holz an die eingefrorenen Rohre vergeuden wollten. Spätnachts lief dann völlig unerwartet wieder warmes Wasser aus dem Hahn. Es ist die letzten Tage über ein bisschen wärmer geworden, Temperaturen um den Gefrierpunkt. Ferdinand ist, was seine Füße betrifft, wieder beim ihm vertrauten Wasserfuß angelangt, wenn auch bei einem besonders kalten. Ein Wasserfuß ist keineswegs mit einem Schweißfuß zu verwechseln: »Ein Schweißfuß ist einfach ein Stinkefuß! Der Wasserfuß stinkt aber nicht, ein Wasserfuß ist einfach nur ein sehr feuchter Fuß. Man könnte auch Feuchtfuß dazu sagen«, führte Ferdinand aus, und fügte an: »Schreib das nicht auf!«

Der Zwischenraum ist mittlerweile dermaßen erkaltet, dass das gute Olivenöl hart geworden ist; das günstigere ist noch flüssig, nicht mehr ganz so wie im Laden, aber flüssig. Das wertige Öl lässt sich nun aus seiner Plastikflasche herausquetschen und aufs Brot streichen, und ist dabei sogar noch recht fein. Die meisten anderen Aufstriche schmecken bei dieser Temperatur kaum noch nach was.

Morgen Nacht soll es −20 Grad bekommen, im Winter werden hier manchmal Temperaturen zwischen −30 und −35 Grad gemessen. Die tiefste Temperatur wurde in Siebenbürgen 1942 gemessen, da lag sie bei −42 Grad; im Garten von Haus 112 zerbarst seinerzeit der Kirschbaum. Das weiß ich aus dem knapp 400 Seiten umfassenden Heimatbuch über diesen Ort, niedergeschrieben von einem Mann namens Mathias Pelger, dem in jenem Winter »die Ohren auf dem Weg vom Jungeninternat zur Schule unter der Studienmütze derart gefroren, daß sie später aufsprangen und wahnsinnig schmerzten« (S. 18). Ferdinand hat das Buch zur Hälfte bezahlt und erhält dafür die meines Erachtens für ihn relevanten Informationen mündlich überliefert. Zum Beispiel wurde er darüber unterrichtet, dass es erst seit dem Jahr 1963 möglich ist, überhaupt mit dem Auto nach Alma Vii zu gelangen. Bei der Auswahl des zu Übermittelnden besteht allerdings noch Optimierungsbedarf. Auf meine Nachfrage, wie sehr ihn das eben Wiedergegebene interessiere, gerade ihn, als leidenschaftlichen Autofahrer, antwortete er leider: »Gar nicht.«

Ferdinand ist im überraschenden Maße der Helligkeit hörig. Kaum erfährt er, dass es ein Uhr nachts ist, ist er ganz aufgeschreckt davon, lässt alles stehen und legt sich augenblicklich ins Bett zum GameBoy-Spielen, damit er bald einschlafen und zeitig genug wieder wach sein kann. Die ewige Dunkelheit macht ihm schlechte Laune. Als ob's nicht völlig gleich wäre, mit welcher Laune man hier abhängt. Na, jedenfalls: Vorhin traf ich ihn im Zwischenraum, wo er rauchte und gerade die Arbeit an einem Gedicht aufnahm. Es trug oder trägt den Titel »Der Aufenthalt in der Stinkkammer«, und die ersten Zeilen klangen vielversprechend. Da fiel sein Blick plötzlich auf die Holzuhr, die ein Uhr zeigte, und schon lagen Stift und Zettel beiseite und Ferdinand in seinem Bettchen.

Ferdinand bereitet uns tadellose Eintöpfe und einwandfreie Pfannengerichte zu. Alle seine Speisen haben eines gemeinsam: Er fügt kein Wasser hinzu. Als er mich unlängst beim Beimengen ordinären Wassers erblickte und deshalb einen »Wasserkoch« nannte, ging mir plötzlich auf, was ich all die Jahre schon so oft beobachtet und doch nie gesehen hatte: Ferdinand verwendet Wasser niemals als Zutat. Selbst Päckchenkram rührt er ausschließlich mit Milch an, mit Milch oder Sahne. »Wasser mindert nur das Geschmacksvergnügen«, sagt er. »Mit Wasser kocht der Wasserkoch, der es nicht besser weiß. Der kippt sich Wasser in seine Wassersuppe und denkt sich: Mmh, schmeckt das gut nach Wasser!«

6.1.

»Gute Morgen, gute Morgen!«, schallt es durchs Haus.

Seit einer Stunde liege ich wach im Bett. Man muss den kurzen Moment abpassen, in dem man sich körperlich und geistig stark genug fühlt, das halbwegs warme Bett zu verlassen. Aber wehe man zögert, denn dieser Zustand dauert nur Sekunden und es kann sein, dass man ein bis zwei Stunden warten muss, bis so einer wiederkommt.

Ich betrete den mittleren Raum. Könnte so was wie eine Küche oder ein Aufenthaltsraum sein, hat aber keinen Ofen und ist deshalb nur bedingt zum Aufenthalt geeignet.

Roland betritt selbigen von seinem Zimmer aus. Zwischen uns steht ein Hüne von Mann, der sich später als Novak vorstellen sollte. Keine Ahnung, ob das sein Vor-, Nach- oder Spitzname ist. Roland sieht sehr verpennt aus. Kein Wunder, ist ja auch erst neun Uhr, und da er von Tag zu Tag später ins Bett geht, steht er normalerweise nicht vor eins auf.

»Ich bin schon alt, 69«, sagt Novak und geht in unser Badezimmer. Rolands Blick trifft meinen und so langsam dämmert es uns. Vor Tagen haben wir unsere Vermieterin kontaktiert, weil Wasser aus der Wand tropft und dafür sorgt, dass der Holzboden fault und schimmelt. Novak rüttelt an ein paar Rohren und sagt, dass er da jetzt nichts machen kann und übermorgen wieder kommt. Novak ist zwei Meter groß, hat einen gewaltigen Buckel und ist das totale Kraftpaket. Er hat einen hochroten Kopf, schielt ein wenig und das rechte Auge zuckt immer ein bisschen nach außen.

Ob er Kaffee möchte, fragen wir. »Nein nein«, erwidert er, »früher habe ich immer viel Kaffee mit Cola getrunken, zwei Liter oder so, und dazu roten Wein und weißen Wein und Schnaps.« Beim Verlassen der Wohnung informiert er uns noch darüber, dass er früher ein Fußballer gewesen sei.

Roland dreht sich um und geht sofort wieder ins Bett, um es an diesem Tag nicht vor drei Uhr wieder zu verlassen.

08.01.2015

Tag 22, Donnerstag

Ganz normales Verhalten kommt hier brutal gut an. Ferdinand fährt die schmale Straße, die aus unserem Dorf herausführt, entlang. In der Gegenrichtung steht ein Fahrzeug, drumherum drei Männer. Ferdinand verlangsamt das Tempo, beim Zurseitegehen fangen die Männer bereits an zu grinsen. Ferdinand lenkt unser Fahrzeug am anderen Fahrzeug und den drei Männern vorbei, die Männer sind erfreut und grüßen und lachen. Wir grüßen zurück, die Männer freuen sich noch mehr, dann sind wir auch schon vorbei und sie winken uns übers ganze Gesicht strahlend nach.

Mal müssen die einen vorbei, dann gehen die anderen zur Seite. Beim nächsten Mal ist es umgekehrt. Jedes Mal ein völlig reibungsloser Ablauf.

»Ganz normales Verhalten«, sage ich.

»Bringt's voll«, sagt Ferdinand.

Ferdinand ist meistens schon so zwei, drei Stunden vor mir wach. Wenn ich dann zum morgendlichen Gruß sein Zimmer betrete, sitzt er normalerweise schon fluchend vor seinem Ofen, und erzählt, dass er schon drei Stunden wach ist, einen Spaziergang unternommen und Holz gehackt hat. »Warum bloß ist es jetzt schon wieder so scheiße kalt?«, schimpft er schließlich und behauptet: »Das ist doch schon wieder erst so kalt seit du wach bist! Das machst du doch mit Absicht. Und pissen muss ich auch schon wieder die ganze Zeit. Das machst du ... mit deinem Zauber ... mit deinem *dunklen* Zauber.« »Gar nicht wahr«, verteidige ich mich, doch Ferdinand lässt es sich nicht nehmen. »Das merkst du vielleicht gar nicht, das machst du unterbewusst. Wahrscheinlich weil du mich hasst, weiß ich nicht, ich kenne den Grund dafür nicht!«

Seit seiner Abfahrt in Stuttgart lauscht Ferdinand seinem »Der Herr der Ringe«-Hörbuch, dessen Laufzeit 24 Stunden beträgt, oder 48 ... oder noch mehr. Der scheiß Ring ist jedenfalls schon im Berg und es sind immer noch vier CDs. Obwohl er immer betont, wie sehr es ihm gefällt, ergänzt er auffällig oft, wie froh er sein wird, wenn es endlich vorüber ist. »Langsam fühle ich mich«, sagte er, und klang dabei erschöpft, »als hätte ich den Ring selbst da hingebracht. Vielleicht ist sich das alles anzuhören eine ähnliche Leistung.«

8.1.

Van Oystern führt seine Mütze zur Nase: »Riecht wie beim Opa unterm Hut.«

10.01.2015
Tag 24, Samstag

Ferdinand bietet Herrn Novak Kaffee an. Vor einer Viertelstunde lagen wir beide noch im Bett, dann begann es auf einmal, zu poltern, und jemand rief: »Männer!« Jetzt steht Herr Novak bei uns im Zwischenraum und lehnt dankend Ferdinands Kaffee ab: »Ich habe seit zwei Jahren keinen Kaffee mehr getrunken«, sagt er auf Deutsch. »Zuvor habe ich viel Kaffee getrunken, Kaffee und Cola, jeden Tag zwei Liter, und dann noch vom weißen Wein und vom roten Wein und Schnaps.« Er spricht mit Akzent, vermutlich rumänischem, und ist ziemlich aus der Puste, eines seiner Augen flackert. Er sagt: »Ich habe mal Fußball gespielt, jetzt bin ich aber schon ziemlich alt, 68.«

Herr Novak hat die Badezimmer in unserem Haus gebaut. Unsere Kontaktfrau hat ihn alarmiert – jedenfalls wirkt er ein bisschen alarmiert –, nachdem wir ihr geschrieben haben, dass es in einem Bad aus der Wand tropft, unabhängig davon, ob man es benutzt oder nicht, und die Nässe den Boden angreift. Mit unserer Kontaktfrau kommunizieren wir per SMS, steigen dazu entweder im Dorf auf den höchsten Berg, in der Hoffnung, dass etwas Netz vorbeigeflogen kommt, oder fahren ein paar Kilometer mit dem Auto. Herr Novak betrachtet die Leitungen unterm Waschbecken, die Wand und den Eimer, den wir platziert haben. Der Eimer muss ungefähr alle zwei Tage geleert werden. »Nicht so schlimm«, urteilt Herr Novak, »aber das muss man reparieren.« Er kündigt sich für den nächsten oder übernächsten Tag zur Reparatur an. Sein Besuch war am Montag oder Dienstag, seitdem – heute ist Samstag – haben wir nichts mehr von ihm gehört. Ob Herr Novak bei uns im Dorf wohnt oder anderswo, wissen wir nicht. Ferdinand, der von seinen Spaziergängen schon etliche Gesichter kennt, tippt auf anderswo.

Vor einem Tag, das heißt gestern, sahen wir zum ersten Mal eine Frau in unserem Alter durch die Straße gehen. Mädchen oder Frauen zwischen 20 und 40 treten praktisch nicht in Erscheinung. Wir vermuten, sie verlassen mit der Volljährigkeit diesen Ort. Gestern, als diese Frau vorbeikam, war es schon dunkel und Ferdinands Blick folgte ihrem Umriss, der sich durch die Finsternis schwach abzeichnete. »Wo die wohl hingeht?«, fragte er leise, »bestimmt zu ihrem Freund.« Er sprach zu sich selbst, und obwohl es mich nicht betraf, sagte ich: »Das geht dich nichts an.« Und Ferdinand sprach: »Die treiben's dann.« Und ich wiederholte mich, sagte: »Das geht uns nichts an.« Aber Ferdinand beharrte auf seinem Standpunkt: »Die treiben's dann gleich. Lässig.«

Wenige Stunden später fielen in Ferdinands Bad die Duschkacheln aus der Wand. Nicht alle, aber genug, um von weiterer Nutzung der Dusche abzusehen.

10.1.

»Da nehme ich jetzt den verfickten Topf, fülle den mit Wasser und koche Nudeln.«

Rolands Sprache verlottert zunehmend. Er kommentiert immer mehr Tätigkeiten mit genauen Beschreibungen, obwohl es völlig offensichtlich ist, was er da gerade macht. Zum Beispiel legt er Holz in den Ofen und weist gleichzeitig verbal auf selbigen Tatvorgang hin. Absolut debil, wo soll das hinführen?

Vor Kälte zitternd hause ich im großen Zimmer. Der Ofen da ist recht schwach und schafft es mit Mühe gerade mal gegen den Gefrierpunkt anzuglimmen. Und da sitze ich dann, mit drei Pullis übereinander, starre stumpf in den scheiß Ofen und friere mir den Arsch ab.

Rolands Zimmer ist wesentlich kleiner und hat dazu noch einen Ofen der, wenn er ihn mal anbekommt, richtig Dampf macht.

Immer mehr leere Flaschen Wein sammeln sich dort, und wenn ich Van Oystern mal besuche, finde ich ihn meistens so vor: fast nackt, wie in der Sauna bei 35 Grad, halb angesoffen total wirre Literatur lesend, zum Beispiel über Scheunen-Restaurierung oder bizarre Volksgruppen aus dem Österreich des 18. Jahrhunderts. Eine richtige Alkoholsauna hat er sich da eingerichtet.

Saufgedicht

von Roland van Oystern

Schaut die Nacht zum Fenster rein
Gieß ich mir ein Gläschen ein
Naht der neue Tag heran
Hab ich schon die Lampen an

12.1.

Wie gut es einem ging, weiß man immer erst dann, wenn es nicht mehr so ist. Wenn beispielsweise spät abends beim Film anschauen der Strom ausfällt, stellt sich binnen Sekunden eine heftige und bodenlose Ohnmacht ein und man gedenkt wehmütig der guten alten Zeit, als es noch Strom gab, auch wenn diese erst 30 Sekunden her ist.

Roland will mir doch ernsthaft weismachen, dass der Computer bei zu heftigen Actionszenen im Film mehr Strom ziehen muss und deshalb die komplette Stromversorgung im Haus zusammenbrechen kann. Vor allem dann, wenn es draußen regnet, weil dann sind die Leitungen ja sowieso schon geschwächt, Strom ... Wasser ... klar. Ausgemachter Blödsinn, sage ich.

Als beim letzten Drittel von »Guardians Of The Galaxy« die vom Regen und der heftigen Action geplagten Leitungen ganz ihren Dienst quittieren, greift Roland zur Gitarre und spielt einen spanischen Flamenco, im Dunkeln. Einem Impuls folgend fange ich an zu singen und beschwöre die Jungfrau Maria (Mutter Gottes), doch den Strom wieder fließen zu lassen, und wie durch ein Wunder: Es hat geklappt. Als ich direkt im Anschluss auch noch um Geld bitte, hört Roland sofort auf zu spielen, aus Angst, meine Dreistigkeit könnte Maria zum Anlass nehmen, uns den Strom unmittelbar wieder abzustellen.

Der, der den Wind fängt

von Ferdinand Führer & Roland van Oystern

In einem kleinen Dorf lebte einmal ein Mann, der hatte drei Söhne. Alka, der jüngste Sohn, kräftig gebaut und von guter Statur, bestellte immer das Feld. Avram, der Mittlere, geschickt und gut mit den Händen, hackte das Holz. Beide standen früh auf und kamen erst spät nach Hause, im Sommer wie im Winter. Dumitru, der älteste Sohn, hatte keine geschickten Hände und war auch nicht sonderlich stark, ebenso war er von nichts so recht angetan und ging deshalb einfach spazieren. Von Dorf zu Dorf, durch die großen Wälder und den Fluss entlang. Er liebte es, alleine durch die Landschaft zu wandern, und doch fühlte er sich nie ganz allein. Am meisten mochte er den Wind — leichte Brise, starke Böe, sanftes Wehen. Und wenn der Wind mal ganz besonders stark blies, warf er seine Hände nach vorn, fuhr mit ihnen durch die Luft als griffe er nach ihm und jauchzte fröhlich.

Oftmals lief er so lange, bis er gar nicht mehr wusste, wo er war. Und musste er mal in einem Dorf oder einer Stadt rasten, machte es ihn froh, bald wieder aufzubrechen.

Eines Tages nach einer größeren Wanderung gelangte Dumitru wieder zu Hause an. Sein Vater rief ihn zu sich und sprach: »Sohn, die Not ist groß, ich plane die Anschaffung eines Automobils, eines Televisionärs und gülden eingefärbter Manschettenknöpfe, daher wird von nun an auch deine Arbeitskraft benötigt. In der Bleigießerei kam die Tage der junge Laurean zu Tode, sein Platz will nun der deine sein. Es handelt sich um eine lohnsteuerpflichtige Festanstellung. Herzlichen Glückwunsch.«

Dumitrus Tage in der Bleigießerei waren mühsam und lang. Am Abend waren die Füße so müde, selbst für einen kleinen Spaziergang fehlte ihnen die Kraft, und auch der Geist wurde langsam immer schwächer. Bald erinnerte er sich kaum noch daran, wie es war, im Wald die Bäume zu zählen, am Fluss die Fischlein zu grüßen und auf dem weiten Feld sich den Wind um die Mütze wehen zu lassen.

Der Dorfälteste spürte es zuerst. Ein Ziehen in seinem von der Gicht geplagten Knie verriet ihm, dass etwas nicht in Ordnung war. Immer mehr Menschen im Dorf wurden unruhig, ohne sagen zu können, woran es lag. Zunächst dachte man, es läge am Bürgermeister. Aber selbst als man ihn aufknüpfte, wurde es nicht besser. Die Tage vergingen und der Himmel verdunkelte sich. Ein Sturm zog auf. Die Fensterläden klapperten und die Bäume bogen sich gefährlich. Dem alten Razvan wehte es sogar die Scheune davon. Der Sturm hielt an und wurde immer strenger, die Kirchturmglocke bimmelte in einem fort, vom Wind geschlagen. Die Dachziegel flogen von den Häusern, die langsam drohten einzustürzen.

Dumitru saß wie jeden Abend in seinem Sessel und schaute müde vor sich hin. Als er fast schon eingeschlafen war, polterte es so schlimm gegen das Fester, dass er aufschreckte und beschloss, nachzusehen, was draußen vor sich ging.

Als er vor die Tür trat, erblickte er zum ersten Mal das tobende Durcheinander. Den kaputtgehauenen Giebelfirst vom kranken Henning, den vom Heu zugewehten Brunnen, den umgekippten Briefkasten. Die Zerstörung ließ Dumitru staunen. Der Wind brauste noch einmal auf, dann wurde es still.

»Huch, da bist du ja!«, sagte der Wind zu Dumitru.

»Was machst du denn hier?«, fragte Dumitru den Wind.

»Ich habe dich gesucht, weil ich dich vermisst habe. Wo warst du denn? Auf einmal gab es gar niemanden mehr, der so toll an mir zupft und so lieb nach mir greift.«

»Ich habe dich auch vermisst! Ich war jeden Tag in der Bleifabrik, von früh bis spät!«

»Von früh bis spät? Das ist ja schrecklich!«, sagte der Wind und blies die Bleifabrik einfach um.

»Wow, toll!«, sagte Dumitru. »Nie wieder Bleifabrik!«

»Dann sehen wir uns morgen auf dem Feld? Oder im Wald? Oder auf den Wegen zwischen den Dörfern?«

»Ja, sicher! Ich freu mich schon!«

»Ich freue mich auch schon, bis morgen!«, sagte der Wind und zog davon.

So kam es, dass Dumitru das ganze Dorf gerettet hatte. Aber niemand dankte es ihm. Alle glaubten, dass es doch etwas gebracht hätte, den Bürgermeister aufzuknüpfen.

Wenn die Karre wieder nicht anspringt, gerät das halbe Dorf auf die Beine. Anschieben, Überbrückungskabel, Starthilfe, all dieser Aufwand, nur damit wir uns in Mediaş wieder Konservenzeug und Aufstrich und Pomelo und all das beschaffen können. Allgemein ist man hier den ganzen Tag in erster Linie damit beschäftigt, am Leben zu bleiben. Ferdinand hat sein einziges Päckchen Einmalwärme-Einlagen geöffnet und sich die Einlagen in seine Hausschuhe geklebt. Kurzzeitig wärmten sie seine Füße auf Normaltemperatur. Jetzt muss er den restlichen Winter mit Kälte- oder Eisfüßen fristen, an wärmeren Tagen mit Wasserfüßen. Ein oder zwei Mal hat er seine Hausschuhe zum Trocknen oder Anwärmen über den Ofen gehängt, vielleicht sind sie in einem unbeobachteten Moment ein bisschen angebrannt, jedenfalls haben sie völlig unerwartet Löcher bekommen. »Die gebe ich zurück!«, empört sich Ferdinand seither bei fast jedem Reinschlüpfen. »Sobald ich wieder daheim bin, bringe ich die zurück!« Beim Darben vorm Ofen nimmt er wieder und wieder seinen Game Boy zur Hand, und auch durch die Klotür hört man ihn nicht selten zur Tetris-Melodie pfeifen. »Beim Tetrisspielen stelle ich mir oft vor, ich wäre im Fernsehen in einer Spielshow. Und wenn ich die Aufgabe bestehe, bekomme ich eine Million.« Auf die Art schafft er Höhe 5 in der Geschwindigkeit von Level 9 manchmal zweimal hintereinander. »Ein normaler Mensch bräuchte dafür wahrscheinlich Wochen!«, kommentiert er seine Fähigkeit ebenso reflektiert wie bescheiden.

Zwischenzeitlich waren wir mit Elektrizitätseinbußen von 100 % konfrontiert. Eines Nachts war es plötzlich so finster wie noch nie, und obwohl alle Sicherungen drin waren – tatsächlich alle –, fand keinerlei Stromversorgung mehr statt. Wir entzündeten eine Kerze und sangen in ihrem milden Schein der Heiligen Mutter

Gottes ein Lied. Nachdem wir erhört wurden, blies ich die Kerze aus. Vom glimmenden Docht stieg wohlig besinnlicher Wachsduft empor. Hastig, ja beinahe hysterisch, trat Ferdinand auf die Kerze zu, leckte sich die Finger und löschte damit die Glut. So kalt wie noch nie zuvor, hörte ich ihn sagen: »Wenn ich eines nicht ausstehen kann, dann sind das Menschen, die eine Kerze nicht gescheit ausmachen.« Völlig perplex wollte ich wissen, warum in aller Welt das so sei, und mit Grabesstimme erklärte mir derselbe Mensch, der jeden Tag 30 Zigaretten raucht: »Widerlich, wie sich die Wachsdämpfe auf die Lunge legen, ich möchte das nicht ertragen müssen.«

Ferdinand hatte kürzlich einen Traum, beziehungsweise zwei Träume, das heißt, zwei Träume in derselben Nacht – man kennt das, ich brauche es nicht noch näher ausführen. Im ersten schimpfte er mit seiner Freundin und im zweiten schimpfte ich mit ihm.
Im ersten Traum tätowierte seine Freundin ihn zwischen Bauchnabel und Knie. Die meisten seiner Tätowierungen hat er von ihr, bis dahin keine Besonderheit im Handlungsverlauf. Ferdinand wollte »lauter so lustige Comicschweinchen«, und damit fing die Freundin auch an, doch dann passte er eine Weile nicht auf und als er wieder hinsah, hatte er großflächig zwischen Knie und Bauchnabel eine nackte Frau tätowiert, mit viel Schamhaar. Ferdinand war darüber überhaupt nicht amüsiert und fing an zu schimpfen: »Bist du verrückt geworden? Das sieht scheiße aus! Ich muss mir das jetzt jeden Tag anschauen!« Er sprach sogar davon, sich das Motiv überstechen zu lassen. Seine Freundin aber konnte seinen Ärger nicht verstehen, wiederholte bloß immer wieder: »Jetzt stell dich nicht so an, ist doch scheißegal! Ist doch scheißegal, was du da tätowiert hast!« Und so weiter. Mehr ist nicht passiert. Dafür kam gleich der zweite Traum.
Der zweite Traum spielte hier in unserem Haus. Ferdinand kam nach Hause, mit viel frischem Brot, das er extra für uns eingekauft hatte, worüber allerdings ich überhaupt nicht amüsiert war. »Bist

du blöd!?«, fuhr ich ihn an, »wir haben doch noch Brot!« Und überall, aus allen Ecken des Zwischenraums, zog ich Brotscheiben und angebrochene Brotpackungen hervor, um ihm zu illustrieren, wie scheiße unnötig sein Kauf war.

Auch dieser Traum endete so unvermittelt wie er begonnen hatte.

Ferdinand muss viel mit sich selbst schimpfen. Stark grämt ihn das ständige Suchen nach Gegenständen; oftmals solchen, die er eben noch in der Hand hatte.

»Wo ist schon wieder das scheiß Feuerzeug?«, hört man ihn dann rufen. »Wie viele Feuerzeuge haben wir eigentlich?« Oder: »Wo ist hier ein scheiß Stift? Wie viele Stifte führt dieser scheiß Haushalt?« Den Flüchen schließt sich in der Regel eine Rede an, die verläuft ungefähr so: »Von manchen Gegenständen kann man so viele haben wie man möchte, man sucht sie einfach immer! Man müsste das scheiß Zeug immer wieder an dieselbe Stelle legen, so müsste man es machen! Einfach immer wieder an dieselbe Stelle legen, nie müsste man suchen! Mit der Zeit, die ich mir sparen würde, könnte ich jedes Jahr zweieinhalb Wochen in Urlaub fahren! Scheiß Sucherei!«

Ferdinand schreibt Postkarten an die Omis im Altenheim, in dem er noch bis vor Kurzem der beliebteste Pfleger war.

Hallo Frau Rumkemper,

Rumänien ist wunderschön. Im Sommer bestimmt noch mehr. Wir haben Temperaturen bis −25°C. Ich hoffe, Sie haben mittlerweile eine funktionierende Brille und können das hier überhaupt lesen. 😍 Ich hoffe, bei Ihnen ist alles in Ordnung und es geht Ihnen gut. Uns geht es gut; das Buch schreitet voran! Was macht die Schachkunst? Liebe Grüße + auf bald.

Hallo Frau Bückereiher!

Eigentlich sollte ich Ihnen ja eine Karte mit einem See drauf schicken, aber es gibt hier weder Seen noch Karten mit solchen drauf. Macht nix, die hier ist auch schön. Mir geht es gut und ich hoffe, Ihnen auch! Liebe Grüße aus Alma Vii, Rumänien.

Dragoste Doamna Clinciu,

As sprea faceţi bine. Romania mult frumos si mult rece in larnă. Îmi pleace foarte mult. Am frecventa Mediaş, Sibiu si Sighişoara si inţeley puţin romaneşte. A încălzi cu lemn obositor si câteodata nici cald apa si panǎ de cruent.
Doresc mult noroc si salut ope sorǎ tu din partea mea. Cu stimǎ de la Alma Vii

In der letzten Karte steht, dass Ferdinand schon in Mediaş, Sibiu und Sighişoara war. In Sighişoara war er noch gar nicht, da fahren wir morgen aber hin und werfen die Karten ein. Unsere Kontaktfrau hat uns nämlich nach Sighişoara auf die Burg der Mihai-Eminescu-Stiftung eingeladen.

16.1.

Gestern haben wir den Mihai-Eminescu-Trust in Sighişoara besucht. Da arbeitet die Frau Rost, unsere Kontaktperson und, wenn man so will, Vermieterin. Der Trust ist eine Non-Profit-Organisation, die sich für alles Mögliche einsetzt, allem voran die Erhaltung und Restaurierung alter Bauernhäuser, Scheunen usw. Ihren Sitz haben sie in einem alten restaurierten Stadtturm.

Dort angekommen fällt Rolands Blick sofort auf die ausgelegten Broschüren, Infoflyer und Holzmagazine. Da wird er später noch zugreifen.

Frau Rost führt uns durch den Turm. Roland erkundigt sich nach Jan Hülsemann, dem Guru der Scheunen-Instandsetzung und Autor von so großartigen Werken wie »Das sächsische Bauernhaus in Siebenbürgen«, oft zitiert und erwähnt im »Holznagel«.

Frau Rost heißt Andrea und ist ungefähr in unserem Alter. Sie spricht, wie fast alle der fünf Angestellten, perfektes Deutsch. Sie berichtet, dass in wenigen Wochen der neue »Holznagel« an den Start geht. Roland ist begeistert. Als sie später ganz beiläufig erwähnt, dass Prinz Charles das Vorwort geschrieben hat, beginnen seine Augen zu leuchten. Eine Weile kann er noch an sich halten, dann löchert er Andrea mit Fragen über den Prinzen – was diese sichtlich verwirrt. Wie sich herausgestellt hat, ist der Thronfolger einfach ein großer Freund des kulturellen Bauwerks, war bis vor Kurzem noch der Schirmherr der Stiftung und kommt jedes Jahr einmal zu Besuch. Roland: »Hierher ... in diesen Turm hier?« Andrea: »Äh ... ja ...«

Die hat sich sicher gedacht: »Was stimmt denn mit dem nicht? Voll Prinz-Charles-affin, der Typ.«

Später im Auto geht es gerade so weiter. »Zu denen kommt einmal im Jahr der Prinz Charles ... die haben die E-Mail-Adresse von dem ... ob die uns seine E-Mail-Adresse geben? ... Ob der Prinz Charles unser Vorwort schreiben würde? Was der Prinz wohl gerade macht? Wie geil das wäre ... Vorwort von Charles Windsor, Prinz von Wales, Thronfolger von England ...«

Mittlerweile hat Roland mich angesteckt mit seinem Prinz-Charles-Geschwafel. Wäre tatsächlich stark. Ein Vorwort vom Prinz Charles, der ewige Prinz, was der wohl schreiben könnte? Natürlich würde er das Buch nicht lesen, allein schon deshalb nicht, da er kein Deutsch spricht, aber wenn der so gut mit Andrea ist, könnte die dem das sicher irgendwie verkaufen, nach dem Motto: ein Buch über den Alltag im Bauernhaus, Leben wie vor hundert Jahren oder so. Der Typ hat auch echt einen spitzen Promistatus; den kennt jede Sau, aber niemand würde sich ein Buch kaufen, nur weil es mit einem Vorwort vom Prinz Charles eröffnet.

17.1

Roland steht immer nach mir auf, so auch an diesem Tag. Es dauert keine zwei Minuten, bis er wieder vom Prinzen anfängt. Meine Euphorie ist schon etwas abgeklungen, er schafft es aber, diese wieder ein bisschen aufglimmen zu lassen. »Ob man wohl einen geilen Verlag findet, nur weil Prinz Charles ein Vorwort geschrieben hat?«, fragt er sich. »Oder einen kleinen Indie-Verlag? Die würden das dann nur machen, um ihren Eltern an Weihnachten erzählen zu können, sie haben mal ein Buch rausgebracht, wo der Prinz Charles ein Vorwort für geschrieben hat.«

Na ja, ich bleibe skeptisch, und selbst wenn unser Buch doch ein Vorwort des Prinzen enthalten sollte, bezweifle ich, dass er es selber und nicht doch eher wir geschrieben haben.

Morgenstunde in Alma Vii

von Ferdinand Führer & Roland van Oystern

Der Tag sich auf das Dorfe legt
Die Bäuerin den Stall ausfegt

Der Tau sich um die Wipfeln hüllt
Der Kaffeeduft die Luft erfüllt

Keine Bäuerin, kein Kaffee
Nur der Andere gegenüber
– welch ein Trüber

Seit vorgestern haben wir einen Hund. Als wir abends Holz reinholen wollten, hat es aus einer Ecke in unserem Schuppen auf einmal geknurrt. Am nächsten Morgen saß der Hund noch immer oder schon wieder da und wir schauten einander an, der Hund uns und wir den Hund. Wie ein Wolf sieht er aus, unser Hund, ein furchtbar abgemagerter Wolf. An besagtem Morgen hatten wir zufällig eine Banane bei uns, die wollte er nicht. Bis dahin dachten wir, Straßenhunde fressen alles.

Brot: Brot kam gut an bei unserem Hund. Ferdinand holte welches aus dem Haus und wir warfen es ihm Stück für Stück zu. Jetzt weiß er hoffentlich, dass er uns nicht zu beißen braucht, wenn wir aus seinem Schuppen Holz holen, zumindest nicht unbedingt.

Der Ausflug nach Sighişoara hat sich gelohnt. Andrea Rost – unsere Kontaktfrau – hat uns durch den Kürschnerturm geführt, darin befinden sich das Büro der Mihai-Eminescu-Stiftung und eine Anzahl von Ausstellungsgegenständen. Im Sommer kommen auch Touristen, um sich das ausgestellte Material anzusehen: eine Gürtelmacherbank, ein Kürschnergewand, eine historische Vorratstruhe. Und so weiter. Außerdem etliche Vorher-Nachher-Fotos der durch die Stiftung instand gesetzten Häuser. Ein solches Haus ist auch das Haus 104 in Alma Vii. Wir erhielten Tee und Kaffee und saßen bei den Mitarbeitern im gemütlichen, warmen Büro, wo die Computer noch mit dem Internet verbunden sind. Tabs wurden geöffnet und wieder geschlossen, Browserfenster minimiert und wieder zurückgeholt. Die ganze Atmosphäre war äußerst angenehm und wohltuend. Zum Abschied bekamen wir außerdem noch ein paar hochwertig aussehende Broschüren.

Nach dem Besuch fuhren wir nicht umgehend heim, sondern noch einkaufen. Wir waren in gleich zwei Supermärkten, nämlich im

Penny und im Kaufland. Auf dem Heimweg im Auto beteiligte mich Ferdinand an seinen Eindrücken: »Man ist hier im Allgemeinen wenig sexuellen Reizen ausgesetzt. Da muss man im Supermarkt extra stieren.« Eine These aus diesem Themenbereich entwarf Ferdinand unlängst ebenfalls bei einer Autofahrt. »Folgendes!«, sprach er, »folgende These: Die Menschen in den südöstlichen Ländern, wo es im Winter so scheiße kalt ist, haben weniger Sex.« Ferdinand ließ die These ein bisschen wirken, dann führte er die offensichtlichen Gründe an: »Weil es scheiße kalt ist hier, weißt du. Da überlegt man sich's zweimal, ob man sich all die Klamotten ausziehen soll. Und dann überlegt man so, und dann hat man vielleicht schon gar keine Lust mehr. Oder man denkt sich: allgemein nicht so Bock.«

Tatsächlich trägt Ferdinand hier sehr viele Kleidungsstücke. Mir war es selbst zugegebenermaßen gar nicht aufgefallen, erst als er mich einmal darauf aufmerksam machte, wie notdürftig ich im Vergleich zu ihm angezogen sei. »Ich würde erfrieren so«, sagte er und zeigte dabei auf meinen Oberkörper, der mit nichts als einem T-Shirt, einem Pullover und einem Halstuch bestückt war.

Wenn Ferdinand nur mehr von diesen selbstklebenden Wärmeeinlagen hätte, die sich nur einmal benutzen lassen; er könnte sich nicht nur täglich ein Paar oder mehr an die Füße pappen, sondern sie auch an anderen Stellen anbringen. »Ich würde mir die Teile ins Gesicht kleben«, malte er sich sein Vorgehen aus, als wir zuletzt über diese leider nicht vorhandenen Gegenstände sprachen.

Ferdinand ist in Ansätzen von der Verschwendungssucht betroffen. Zum Beispiel: Wir verfügen über eine einzige Packung Schreibpapier, das wir nur selten zum Beschriften verwenden, weil wir es ansonsten zum Anfeuern unserer Öfen benötigen, tatsächlich: benötigen. Man bekommt das scheiß Feuer ohne Papier ja nicht an. Und Zettelkram, bedruckte Informationsträger liegen hier nirgends aus, auch in den Supermärkten nicht, kein einziger Zettel, der informiert, dass die Trauben 69 Bani kosten, nichts, die Leute würden das Zeug zum Verheizen mitnehmen, zu sonst nichts, drum liegt nichts rum.

Manchmal, äußerst selten, liefert die Verpackung von einem Produkt etwas Pappe. Im Penny zum Beispiel gab es Salzgebäck, verpackt in einer schlichten Kartonage. Wir kauften zwei Päckchen. Eins aßen wir auf. Den Karton stellte ich neben Ferdinands Ofen, logisch: Nützliches dahin, wo es nützt. Ein Stündchen oder zwei später standen wir vor dem Ofen, in dem längst ein prächtiges Feuer loderte und wärmten uns unsere Hände. Plötzlich griff Ferdinands Hand nach der Verpackung und warf sie ins Feuer. Ich schaute ihn an. »Na, was«, erwiderte Ferdinand meinen fragenden Blick mit klärenden Worten, »ich hatte einfach Bock zu sehen, wie das Teil abbrennt.«

Ferdinand tut guten Dienst. Er macht uns unseren Hund zum Freund. Heute früh brachte er ihm Haferflocken mit etwas Milch und mittags stand er leicht ein halbes Stündchen mit Brot vor ihm, um ihm Sitz beizubringen, und so ein bisschen klappt es sogar schon. Der Hund hat außerdem einen Namen erhalten: László, nach der Familie des ungarischen Whiskeyräubers Attila Ambrus. Genauer, nach Attilas Tante und Onkel, bei denen er in Siebenbürgen aufgewachsen ist und die immer gut mit ihm gewesen waren. Herausgestellt hat sich außerdem, dass es sich bei unserem Hund um eine Hündin handelt. Wenn man mag, kann man Frau László zu ihr sagen, oder Doamna László, dann ist es rumänisch. Inzwischen – der Abend dämmert an – hat Ferdinand für Frau László gekocht, Reisschleim mit Rüben, gerade kühlt es etwas aus, sicher wird es ihr bekommen.

18.1.

Van Oystern bildet sich schon seit ein paar Tagen ein, wir hätten Papiernot. Völliger Quatsch!

Klar, man braucht jeden Tag etwas Papier, um die Öfen anzufeuern, aber wir haben einfach genug, und mit den Einkäufen, die wir ein- bis zweimal pro Woche tätigen, kommt auch immer wieder was dazu. Sogar mehr als man braucht. Gestern hat er mich hart gemaßregelt, weil ich aus purer Langeweile eine Chips-Verpackung aus Pappe in den bereits brennenden Ofen geworfen habe.

19.1

Heute wurde das Abwaschen abgeschafft!

Bisher haben wir circa einmal pro Woche abgewaschen und uns zur Aufgabe gemacht, dabei Stück für Stück die Element-of-Crime-Diskographie durchzuhören. Selbige befindet sich schon seit Ewigkeiten auf meinem Rechner, bin aber irgendwie nie dazu gekommen, sie mir anzuhören, und wenn mal Zeit gewesen wäre, hatte ich keinen Bock drauf. Wie dem auch sei, zweieinhalb Alben haben wir geschafft. Jetzt ist Schluss mit dem Quatsch. Sowohl mit Abspülen als auch mit Element of Crime. Dank Rolands verwegenem Plan.

Es wird eine Ablagefläche im Schrank geschaffen, auf die zwei Teller, zwei Schüsseln und zwei Garnituren Besteck drauf passen, und das stellen wir einfach immer da rein und benutzen es wieder. Denn merke: Wenn man ein Besteck- oder Service-Stück mehrfach am Tag benutzt, besteht keine direkte Indikation, es abzuwaschen. Durch den kontinuierlichen Befüll reinigt sich das Geschirr von selbst. Der Rest bleibt sauber im Schrank aufgebahrt.

20.1.

Im Ort gibt es ein Căminul Cultural, das ist ein kleiner Veranstaltungssaal. Dort findet heute ein Vortrag statt, oder ein Workshop, oder irgendwas. Jedenfalls geben uns die drei im Dorf aushängenden Poster keinen rechten Aufschluss darüber. Auf jeden Fall aber eine Veranstaltung der Mihai-Eminescu-Stiftung. Da darf man natürlich nicht fehlen.

Als wir den Raum betreten, sind drei Leute anwesend. Später sollten es acht werden. Wir freuen uns, denn der Nachbar und unser alter Buddy, Herr Novak, sind auch mit von der Partie. Der Saal sieht aus wie von 1970. Neben der Bühne steht ein schicker Holzofen und Roland weiß sofort, wo unser großes Abschiedskonzert stattfinden soll. Er hat nämlich seit ein paar Wochen die Vision, fürs ganze Dorf vor unserer Abreise ein brausendes Fest zu geben. Drei Mitarbeiterinnen der Stiftung halten einen Vortrag. Herr Novak übersetzt ab und zu und erklärt uns, dass es unter anderem darum geht, Alma Vii als Touristenziel attraktiver zu gestalten. Im Anschluss wird angeregt darüber diskutiert, ob im Dorf ein öffentlicher Mülleimer aufgestellt werden soll. Viel konnten wir natürlich nicht verstehen, dafür erzählte uns Herr Novak auf dem Heimweg noch folgenden Witz: »Warum kommen die Terroristen nicht nach Rumänien? ... Weil sich die Rumänen selber kaputtmachen!« Alle lachen, sogar unser Nachbar, der überhaupt kein Deutsch versteht.

23.01.2015
Tag 37, Freitag

Wir nehmen jeder täglich eine Sonnenlichtkapsel. Die Health-Plus-Fabrik in Seaford/Großbritannien stellt die Kapseln her, eine pro Tag gleicht das Fehlen von Sonnenlicht optimal aus. Wenn die beiden Töpfchen leer sind, fahren wir wieder heim. Ursprünglich befanden sich jeweils 80 darin, jetzt sind es noch 43, oder müssten es sein. Ferdinand hat sich seine Kapseln eines Nachmittags auf die Hand gekippt, um eine *noch* bessere Vorstellung von der Menge zu bekommen, und ein paar Stunden später direkt zwei auf dem Boden gefunden.

Ferdinand ist ohnehin eine dieser seltenen Personen, die einem das Gefühl vermitteln, es brösle ständig etwas von ihnen herab. Meistens trifft das bei Ferdinand auch tatsächlich zu. Jedenfalls verlässt er selten einen Ort gänzlich unverbröselt, wenigstens ein paar Tabakkrümel und etwas Asche bleiben immer zurück. Nicht selten fällt noch etwas um, geht zu Bruch, hinterlässt einen Schmierfilm oder wie auch immer Beschaffenes. Die Welt ist voller Gegenstände für kleine Menschen, die sie mit ihren kleinen Händen einfach so benutzen, ohne sie zu beschädigen. Ferdinand ist ein großer Mann, dessen Blick weit ins Land fällt. Was betreffen ihn da Krümel? Wie soll er sie überhaupt bemerken?

Ein neuer Baum zum Verheizen wurde uns direkt in den Garten geliefert, die Lieferanten haben ihn mit ihren Motorsägen zersägt und dafür Wein bekommen. Frau Maria hat uns verraten, dass man den Männern Wein gibt, sie hat uns außerdem verraten, dass man nicht mehr als zwei Krüge ausschenkt – die Männer müssen schließlich auch noch anderer Leute Bäume zersägen. Na, jedenfalls: So sägen sich die Männer Tag für Tag einen ordentlichen Rausch zusammen. Vielleicht bleiben sie bei manchen sogar noch zum Hacken. Bei uns nicht, wir hacken selbst!

Ferdinand hat heute locker 40 Minuten lang Holz gehackt, jetzt besitzt er – wie ich auch – eine wunde Hand. »Warte ab«, prophezeit er, »nach einem Winter wird uns das Holz in den Händen zerfallen, so mächtig werden sie sein! Morgens wirst du einen Blick aus dem Fenster schmeißen nach dem Holz und schon wird es aufgeregt klappern, erzittern wird es, weil es weiß, was ihm droht. Schließlich wird es alleine zerfallen vor lauter Furcht!«
Ferdinand spielt seit einigen Tagen mit dem Gedanken, künftig jeden Winter in Rumänien zu verbringen. Ob ich dann jedes Mal mitkommen muss?

Als wir am Abend unserer Ankunft in Alma Vii zum ersten Mal aus dem Auto ausstiegen, war das erste, was wir vernahmen, Hundegebell. Jetzt haben wir selbst einen Hund. Frau László hat meistens ein bisschen Zank mit dem Pekinesen von gegenüber, den Zank, den alle Hunde haben, sobald sich ein Zaun oder eine Mauer zwischen ihnen befindet. Dass es sich beim Hund von gegenüber um einen Pekinesen handelt, weiß ich von Ferdinand. Ich habe den

Hund noch nie gesehen. Ich weiß außerdem gar nicht, wie ein Pekinese aussieht. Ferdinand weiß allerhand über Hunde. Frau László macht inzwischen recht brav Sitz, lässt sich von ihm streicheln und fängt an, uns oder eher ihm hinterherzulaufen, zum Beispiel beim Verlassen des Grundstücks, wogegen Ferdinand mit ausdrucksstarker Gestikulation, raffinierter Mimik und der Abgabe von allerlei erstaunlichen Lauten wirksam vorzugehen weiß. Wenn man Spaß daran hat, sich in der Öffentlichkeit wie ein Gestörter zu verhalten, braucht man sich bloß einen Hund anzuschaffen.

(Den letzten Satz musste ich mir nicht selbst ausdenken, es handelt sich um ein wenige Monate altes Original-Ferdinand-Führer-Zitat.)

Als wir noch keine Hundehalter waren, gingen wir mal in der Dämmerung spazieren. Das Gebell hatte noch nicht eingesetzt, nur ein einziger Hund machte vereinzelt bellend auf seine Ambitionen aufmerksam. Ferdinand bellte ein bisschen zurück, gleich stieg ein weiterer Hund ein, und weniger als eine Minute später bellten Dutzende von Hunden, deren Nachtschicht damit begonnen hatte.

Die Nachtschicht der Hunde verläuft normalerweise relativ entspannt, es wird sich schon mal ins Zeug gelegt, aber die meiste Zeit über nicht allzu sehr, außer jemand kommt nachts mit dem Auto ins Dorf gefahren oder geht bei Dunkelheit zu Fuß durch selbiges hindurch. In diesem Falle wird man von einem Kläffkonzert begleitet und die Leute ziehen die Vorhänge zur Seite und denken sich: »Idiot« und »Dummkopf«, weil – vielleicht nicht zuletzt aus diesem Grund – niemand hier bei Nacht durch die Straßen stapft. Spazierengehen oder allgemein Gehen, also schlicht um vom einen Ort zum anderen zu gelangen, ist vermutlich zu häufig eine Notwendigkeit, als dass noch jemandem der Einfall käme, ohne Ziel, zur bloßen Zerstreuung, wie ein Narr durchs Dorf zu stapfen.

Tagsüber einfach so auf der Straße rumzustehen hingegen steht bei den hiesigen Menschen hoch im Kurs. Niemand verwendet außerdem die Gehwege, alle verwenden die offiziellen Straßen. Vielleicht um nicht ständig durch die Zäune hindurch angekläfft zu werden? Neben den vielen wilden Hunden, die überall herumstreunen, hält sich nämlich fast ein jeder in seinem Hof noch einen angeleinten Hund. Der Mensch und der Hund: im Grunde genommen eine zutiefst unnötige Verbindung.

25.1.

Roland hat irgendwie die Mailadresse von Otto Waalkes herausbekommen, und den behelligt er jetzt mit dubiosen E-Mails. Otto ist auch so jemand, der bestimmt nie mit Herr Waalkes angesprochen wird, immer nur: Hey Otto, hey Otto ... blablabla.

Vielleicht gefällt ihm das auch so, könnte ich mir jedenfalls vorstellen. Roland weist ihn auf unsere Facebook-Aktivitäten und auf alles Mögliche hin und erkundigt sich nach seiner Meinung. Schade, dass der nie zurückschreiben wird. In meiner Vorstellung sind Otto und Roland schon richtige Kumpels.

Trüb sind die Tage

von Ferdinand Führer

Trüb sind die Tage — keine Frage
Auch die Nächte sind nicht heller
Wenig was da ziert den Teller
Und meistens schmeckt's
nach alten Sohlen

27.1.

Seit dem ersten Tag machen wir Gymnastik. Wir haben zwei Yoga-Matten und fast jeden Morgen (14:00 Uhr) werden diese ausgerollt und in langen Unterhosen der Körperertüchtigung gefrönt. Geht mir mittlerweile richtig auf die Nerven. Roland hat sich diesbezüglich als die treibende Kraft entpuppt und in schwachen Momenten meinerseits als echte Einhaltungs-Stütze des selbstauferlegten Rumgehampels. »Deshalb war noch niemand krank«, weiß er mir Mut und Kraft zu spenden. »Deshalb, und vielleicht noch wegen der Sonnenscheintabletten, die uns Meta mitgegeben hat.«

Also gut, Musik an.

In den letzten Wochen haben sich die Dire Straits total durchgesetzt. Am besten eignet sich das Album »Making Movies«, wir haben alle ausprobiert. Das ist schön flott und der Sonnengruß geht dabei wie von selbst. Folgender Satz würde sich in einem Interview gut machen: »Es waren die Dire Straits, die mich die Liebe zur Gymnastik lehrten.« Völlig ungeeignet hingegen für körperliche Ertüchtigungen ist das Album »Definitiv: Nein!« der Band EA80.

28.1

Heute kam Post aus der alten Heimat. Ein schönes Päckchen von Lisa und Meta mit allerlei tollen Sachen. Unter anderem Tabak für mich und Aldifrau Melissengeist für Van Oystern. Das ist die Aldi-Variante von Klosterfrau Melissengeist. Für diese Wortschöpfung ist Meta verantwortlich.

Als Roland sie kennenlernte, war Aldifrau Melissengeist das einzig Alkoholhaltige in ihrer Wohnung. Es stand da wahrscheinlich schon seit Jahren herum und Roland hatte es im Laufe der Zeit geschafft, dieses doch recht ekelhafte Getränk/Einreibemittel leer zu bekommen. Richtig froh war er darüber, und aus allen Wolken fiel er, als Meta mit einer neuen Flasche ankam, davon ausgehend, er trinke das doch so gerne.

Gegen Mitternacht. Ferdinand steht mit seinem MP3-Player und seinem Game Boy vor der Klotür und hält inne. »Zum Hören und Sehen gibt es echt viel«, sagt er schließlich. »Für die anderen Sinne gibt es kaum Unterhaltungsmedien. Zum Beispiel ... Schmecken ... Unterhaltung für die Zunge gibt es gar nicht. Man könnte bestimmt was erfinden. Vielleicht so einen wurstartigen Lappen, den man sich in den Mund steckt und der den Geschmack wechselt, mit Kabel, zum Anschließen an die Steckdose. Unterhaltung am Gaumen, könnte es in der Werbung heißen. Die Geschmacksübermittlung müsste so unterhaltsam sein, dass man gar nichts mehr hören oder sehen möchte, der Geschmack müsste permanent wechseln.« Ich stelle mir Ferdinand vor, wie er mit dem wurstartigen Lappen im Mund auf dem Klo hockt, Tetris spielend, Star-Trek-Abenteuern lauschend, und aus dem Mund kommt ein Kabel, das in einer Steckdose endet. »Vielleicht abends im Bett«, sagt er, »einfach noch ein bisschen schmecken und dann einpennen. Wäre vielleicht nicht schlecht. Wäre vielleicht wirklich nicht so schlecht.«

Am nächsten Tag tauchte Frau László plötzlich nicht mehr auf. Zu unserer Verwunderung, denn im Schuppen hatte sie sich im Heu einen Schlafplatz eingerichtet und neben dem Reisbrei gab es inzwischen sogar fabrikechtes Hundefutter. Tags darauf hörten wir es bellen, vertraut bellen, und von Nahem, aber im Schuppen war sie nicht. Ferdinand ging zum hinteren Tor aufs Feld hinaus und schaute sich von dort aus um, wobei sein Blick in den Hof des Nachbarn fiel: Dort saß sie, Frau László, angeleint. Unsere abgemagerte Straßenhündin, eigentlich eine abgemagerte Leinenhündin. Ferdinand gefiel es, Hundehalter zu sein, der in keiner Verantwortung stand, aber sich doch um das Tier kümmern durfte, ein bisschen mit ihm spielen, etwas beibringen ... Er war sogar ein bisschen traurig wegen Frau László, nicht schlimm, aber, nun, ein bisschen eben.

Ferdinand und ich haben an Veranstaltungen teilgenommen. Am einen Tag waren wir auf dem Schlammmarkt von Mediaş, einem auf Schlammgrund errichteten Handelsplatz mit vielen verschiedenen Händlern. Die Waren werden auf ausgebreiteten Decken, durch die sich von unten der Schlamm presst, und vereinzelt auch auf Tischen präsentiert und feilgeboten. Viel Holz, viel rostiges Eisen, Öfen, Gegenstände aus Plastik, Joghurtbereiter, Laptops, Zeug, ineinandergeworfener Kram, Kleiderberge, Hüte, prächtige Hüte. Allerlei gab es also zu beschauen und gegebenenfalls zu erwerben. Ferdinand kaufte sich ein Kabel und von einem der Tische einen unfassbar unwahrscheinlichen Gegenstand – als hätte sich der Himmel aufgetan und der heilige Barnabas, Schutzpatron bei Fußnot, diesen dort eigenhändig für ihn drapiert: Filzeinlagen – jene, welche die Wende im so lange andauernden Fußleid erbringen sollten!

An einem anderen Tag waren wir in Alma Vii im Allgemeinen Zentrum auf einer offiziellen Veranstaltung der Mihai-Eminescu-Stiftung. Wir trafen dort zufällig Herrn Novak wieder, der ein bisschen für uns übersetzte. Herr Novak wohnt doch in Alma Vii, in Haus 68, und er spricht etliche Sprachen: Rumänisch, Deutsch, Ungarisch, wahrscheinlich auch Russisch. Jedenfalls wurde beschlossen, in Alma Vii zwecks Touristenwerbung und zur Steigerung des Komforts künftiger Touristen zwei öffentliche Abfalleimer aufzustellen. Als wenige Tage später der Schnee schmolz, zeigte sich plötzlich tatsächlich gar nicht so wenig Müll auf der Straße. Dummerweise stammte gar nicht so wenig davon von uns, den einzigen Touristen im Dorf. Wofür uns allerdings nur bedingt Schuld trifft. Nachdem unsere Mülltonne weg war – vielleicht gestohlen? – stellten wir den Müll zum Mülltag in einem Plastiksack vor die Tür, quasi ungeschützt, das war uns nicht klar; so haben ihn die Hunde zerrissen und unser Müll hat sich verbreitet. Na, wie auch immer. Auf dem Heimweg hat uns Herr Novak noch einen Witz erzählt:

Warum kommen keine Terroristen nach Rumänien?

Weil sich die Rumänen selber kaputtmachen.

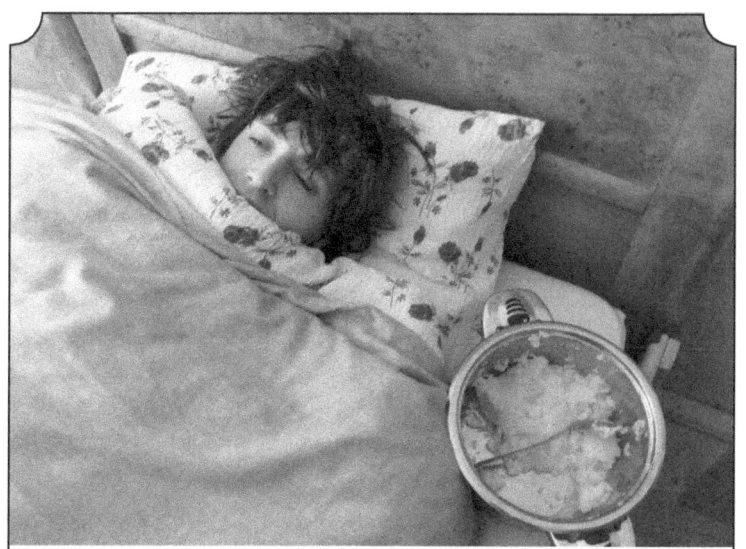

Voll süß: Ferdinand bringt Roland Frühstück ans Bett.
Roland träumt jede Nacht so intensiv von einer Karriere
als moderner Brit-Pop-Sänger, dass sich sogar seine Haare
danach ausrichten.

Unser Nachbar, der Besitzer von Frau László, der kein Deutsch spricht, stand daneben und lachte allein schon vom Wort »Terroristen« amüsiert auf. Im Rumänischen sagt man »Teroriştii«, also ganz ähnlich. Der Witz kursiert wahrscheinlich gerade und erfreut sich einiger Beliebtheit.

Unsere Bäder hat inzwischen jemand anderes repariert, Herr Novak war unterwegs und hatte daher keine Zeit.

Morgen ist Wandertag.

31.1.

Unter den Broschüren, die Roland aus dem Büro der Mihai-Eminescu-Stiftung mitgenommen hat, befindet sich eine mit Wanderrouten. Nach tagelangem Abwägen wurde der Wandertag auf den 30. Januar terminiert.

Es ist gleichermaßen beängstigend und lustig, wenn wir uns an etwas so Profanem wie einer Wanderung versuchen. Es fängt schon damit an, dass wir keinen Rucksack besitzen. Bei einem Marsch, der in etwa sechs Stunden dauern soll, braucht man Wasser und Verpflegung, denn kaufen kann man hier nirgends etwas. Eine Woche zuvor wollte Roland noch auf dem Schlammmarkt einen Rucksack erstehen: »Der ist cool, da ist Spiderman drauf abgebildet.« Ich riet davon ab, weil es ein Kinderrucksack war, in den nicht mal eine Flasche Wasser hineinpassen würde.

Um neun Uhr morgens werden Brote geschmiert und zusammen mit einer großen Flasche Wasser in Rolands Tragetasche verstaut.

Roland hatte die Nacht zuvor nicht recht einschlafen wollen und sich deshalb noch ausreichend am Aldifrau Melissengeist zu schaffen gemacht. Dementsprechend sieht er aus.

Völlig verpeilt stolpern wir los. Die Tragetasche nervt schon nach hundert Metern. Nach etwa einer Stunde lotst uns der Wanderführer in den Wald, laut Karte nur ein kleines Stück und dann gleich links wieder raus ins erste Dorf auf der Route. Wir laufen und laufen und es geht kein Weg ab. Nach einer Stunde beschließen wir, einfach ohne Weg nach links zu gehen.

Unter Abrutschen, Fluchen und Schnaufen schleppen wir unsere müden Körper über einen Steilhang nach oben, nur um nach einer halben Stunde Tortur festzustellen, dass da nichts ist, außer noch mehr Wald. Es wird einfach geradeaus gegangen, bis der Wald zu Ende ist. Wieder ein Steilhang, dieses Mal nach unten. Kaum runter geplagt, bedrohen uns gleich drei fette Schäferhunde. Zügigen Schritts und ohne sich umzublicken, wird in irgendeine Richtung marschiert. Man spürt schon förmlich die Zähne von einem der Biester in seiner Wade stecken. Nach endlosen 20 Minuten lassen sie von uns ab. Puuuuh ...

Gegen Mittag erreichen wir doch tatsächlich Metiş, das erste Dorf auf der Route und Abschluss des ersten Viertels. Das Dorf ist recht öde, nur zwei kleine zwergenhafte Hunde, die uns ankläffen und versuchen, uns in die Füße zu beißen.

Roland bekundet Bedarf an Gastronomiegewerbe und Weizenbier. Nicht nur, dass es in ganz Rumänien wahrscheinlich kein Weizenbier gibt, es gibt auch keine Gaststätten, zumindest hier auf dem Land. Beim Verlassen des Dorfes brüllen uns ein paar Jugendliche noch was nach. Wir verstehen natürlich kein Wort, aber es klingt nach »Geht auf keinen Fall in diese Richtung«. Außerhalb des Dorfes befindet sich eine kleine Gammler-Siedlung. Die Häuser sehen aus, als wären sie aus Dreck gebaut, überall liegt Müll und in kürzester Zeit sehen wir uns von fünf zähnefletschenden Hunden verfolgt. Schnell weitergehen und hoffen, dass wir nicht gebissen werden. Nach ein paar Minuten drehen die Hunde wieder ab. Puuuuh ...

Der Wanderführer sagt: ein bisschen geradeaus gehen und dann links. Roland studiert die Karte und ist sich nicht ganz sicher, ob wir jetzt in diesen Wald gehen sollen und dann links oder schon zuvor abbiegen. Mit Wald haben wir nicht die besten Erfahrungen gemacht, und so wird beschlossen, gleich links zu gehen. Wir stolpern über endlose Felder voller Matsch und Schafscheiße. Irgendwann muss man aber wieder abbiegen, nur wann? Als ein Weg kommt, der aussieht, als wäre er schon mal von einem motorisierten Fahrzeug benutzt worden, biegen wir ab. Es ist etwa zwei Uhr, unsere Wanderung sollte laut Plan zu Ende sein. Wir haben noch nicht mal das zweite Viertel geschafft und vor uns tut sich wieder Wald auf.

Bäume, Bäume und kein Ende in Sicht. Ich schwitze und die Beine tun mir weh. Roland steht noch ein bisschen besser da. Wir machen Rast auf einem Baumstamm und beobachten verzückt die Rehe, die an uns vorbeispringen. Zumindest ich, Roland sieht die wahrscheinlich gar nicht. Die Gewehrschüsse um uns herum fangen an, mich zu beunruhigen. Ich spreche Van Oystern darauf an. Er ging davon aus, sich das Knallen nur eingebildet zu haben.

Aus der Ferne beobachtet uns jemand mit einem Fernglas. Als er auf uns zukommt, kann man sein Riesengewehr und einen umgeschnallten Patronengurt erkennen. Der Jägersmann, der erstaunlich gut Deutsch zu sprechen weiß, ist so freundlich, uns zu erklären, dass wir uns hier in einem rumänischen und nicht in einem deutschen Wald befänden, es hier Wildschweine und Wolfsrudel gäbe und er erst heute Bärenspuren entdeckt habe. Wir erklären ihm unser Wanderanliegen und fragen nach dem Weg. Natürlich sind wir wieder scheiße gelaufen. Er begleitet uns noch ein Stückchen: »500 Meter geradeaus, dann rechts und nach weiteren 500 Metern erreicht ihr das Dorf.« Roland erzählt ihm noch wirr von unseren Erlebnissen im letzten Dorf. Nicht mal ich habe kapiert, was er sagen wollte. Der Jäger schaut uns nur mitleidig an und wünscht uns von Herzen viel Glück und er hofft, dass wir hier heil rauskommen. Wir bedanken uns dafür, dass er uns nicht erschossen hat, und ziehen weiter.

Ob das jetzt der Weg ist, den der Typ gemeint hat? Wir sind uns nicht ganz sicher, denn das waren doch noch keine 500 Meter. Irgendwann biegen wir einfach mal ab. Endlos zieht sich schon wieder alles und bald wird es auch dunkel. Roland fragt, ob ich auch das Knurren gehört habe.

Die Bäume werden immer enger und dunkler. Als wir der Meinung sind, dass es da drüben etwas lichter wird, steuern wir schnurstracks darauf zu. Als wir endlich den Wald verlassen, ist es vier Uhr und die abnehmende Angst, erschossen oder gefressen zu werden, macht wieder Platz für die schmerzenden Füße, den Hunger und den Durst. Es dauert noch eine halbe Stunde bis wir das Dorf erreichen. Bier, Cola, Pommes – nicht existent.

Hoch zur Kirche und dann über den Hügelkamm zurück nach Alma Vii, sagt Rolands Wanderführer.

Nur: Man kann die Kirche vom Dorf aus gar nicht erreichen. Also wieder die halbe Strecke zurück, den Steilhang hoch, um dann festzustellen, dass es sich um die falsche Kirche handelt. Aber wenn wir hier noch zwei Kilometer über die Felder laufen, erreichen wir die zweite Kirche von der anderen Seite, und das hätten wir auch geschafft, wären da nicht kurz vor dem Ziel zwei richtig böse aussehende Hunde gestanden, die jedwedes Durchkommen verhindert haben. Oh mein Gott, also wieder dieselbe Strecke zurück ins Dorf. Dieses Hin- und Herlaufen geht schon über eine Stunde.

Nachdem wir also das ganze Dorf durchquert haben, stehen wir vor der richtigen Kirche und finden einen Weg, der tatsächlich so aussieht, als könnte es ein Hügelkamm nach Alma Vii sein. Laut dem Führer könnte man Alma sogar von hier aus schon sehen. Ist bestimmt nur der hereinbrechenden Dunkelheit geschuldet, dass wir gar nichts sehen, außer einem Wald, der sich direkt vor uns auftut.

Da es keine Möglichkeit gibt, selbigen zu umgehen, wagen wir uns hinein. Vielleicht befindet sich unser Zuhause gleich auf der anderen Seite.

Es ist ein ewiger Marsch und mittlerweile fast dunkel. Wir müssen unbedingt hier raus, solange man noch erkennen kann, wenn es irgendwo lichter wird.

Es ist sechs Uhr abends, der Wald liegt hinter uns und wir klettern über matschige Hügel. Hinter jedem erhoffen wir uns Alma Vii, leider sind da nur weitere Matschhügel. Man sieht jetzt auch fast nichts mehr.

Roland bricht ein, er könne jetzt nicht mehr weiterlaufen. Just in dem Moment entsinnt er sich der beiden Bananen, welche er früh morgens noch eingepackt hatte. Voller Gier verspeisen wir die köstlichen Dinger umgehend. Van Oystern: »Ich wünschte, wir hätten 100 Bananen.«

Ich kann nur noch humpeln, da sich meine Fußschmerzen mittlerweile bedrohlich anfühlen.

Da, Licht! Wir sind gerettet. Roland voraus steuern wir auf unser Dorf zu. Die Aussicht auf einen heißen Eimer und einen Actionfilm hat sich selten so gut angefühlt. Als wir ankommen, stellen wir fest, dass es sich gar nicht um unser Dorf handelt, sondern um das, das wir vor ein paar Stunden verlassen hatten. Wie unfähig kann man sein? Weiterlaufen ist jedenfalls undenkbar.

Wir fragen jemanden, ob man sich hier ein Taxi rufen kann. Der Mann versichert uns, dass so etwas nicht möglich ist.

Das erste Auto, das vorbeikommt, stoppen wir mit dem guten alten Daumen, der zu so einer Tätigkeit seit vielen Jahren nicht mehr herangezogen wurde.

Der Typ ist unfassbar nett, und weil sich in seinem Auto keine Sitze befinden, fährt er schnell weiter und kommt nach ein paar Minuten mit dem Auto seiner Eltern zurück. Trotz unserer total dreckverkrusteten Kleidung fährt er uns damit nach Hause.

Ein heißer Eimer wird verspeist, eine 2,5-Liter-Flasche Cola geöffnet und »Thor – The Dark World« geschaut.

31.01.2015
Tag 45, Samstag

»Dreck«, schimpft Ferdinand, nach sieben Stunden und zwei beschwerlichen Abweichungen von der vorgesehenen Route ist die anfängliche Wanderbegeisterung beinah vollends verflogen. »Wandern, was für ein Scheiß. Wie kann man seinen Körper nur freiwillig dermaßen verschleißen?«

Der Weg aus unserer kleinen Wanderbroschüre sollte uns von Alma Vii über zwei andere Dörfer zurück nach Alma Vii führen. In den frühen Morgenstunden brachen wir benommen vom Schlafmangel auf. »Der Schuh drückt«, stellte Ferdinand nach wenigen Metern fest, »ich hätte mir die Zehennägel noch schneiden sollen, scheiße. Na, macht nichts.« Die Wanderlaune blieb trotz neuer Fußproblematik ungetrübt.

Eine Abzweigung führte uns in einen Wald. Der Wanderpfad verlor sich und bald kraxelten wir in dem Wald herum, der eigentlich ein bewaldeter Berg oder jedenfalls ein bewaldeter steiler Hügel war. Erst zwei Stunden später erreichten wir wieder unseren Ausgangspunkt, von dort aus wanderten wir weiter nach Metiş, dem ersten der beiden Dörfer. Unheilvolle Atmosphäre in Metiş. Am Dorfeingang Lehmhütten, bewohnte Lehmhütten, gleich danach zwei gleichermaßen verstörend wie überflüssig platzierte, neue Stop-Schilder – verstörend, weil völlig unüblich, und überflüssig deshalb, weil der Straßenverlauf weit, wirklich weit zu überblicken war. Wir latschten eine Weile durchs Dorf. Frau Elena Loprich aus Haus 117, die laut unserer Broschüre Wandersleuten »Informationen über die Geschichte des Dorfs« preisgibt, liegt im Krankenhaus. Wir erfuhren es von ihrem Schwager, der verwundert wirkte über unseren Besuch. Vielleicht wären wir Frau Loprichs erste Abnehmer der Informationen gewesen? Die Broschüre stammt aus dem Jahr 2010. Wir wünschten »Gute Besserung«. Über ein Dutzend Hunde verfolgte uns nervig bellend bis zu den Matschlachen, mit denen das Dorf endete, ein paar sogar darüber hinaus. Unangenehm.

Der vorgegebene Weg verschwand nach und nach, bald gab es keinen mehr und wir gingen auf einem Feld herum, von dem aus es praktisch in jede Richtung hätte weitergehen können. Allerdings lag es an uns, sich für eine zu entscheiden.

»Wenn es nicht so bewölkt wäre und wir eine Uhr hätten«, stellte ich fest, »könnten wir die Himmelsrichtung von der Sonne ablesen und einfach in die entsprechende Himmelsrichtung gehen.«

»Wie sollte das funktionieren?«

»Na ja, wenn es zum Beispiel so um Mittag herum wäre, wüssten wir, dass da, wo die Sonne steht, Süden ist.«

»Woher sollten wir das wissen?«

»Na ja, weil das halt so ist. Im Osten geht die Sonne auf, im Westen unter, und dazwischen steht sie eben im Süden.«

»Nie von gehört.«

»Echt nicht?«

»Nee, aber ich konnte auch in der dritten Klasse noch immer nicht die Uhr lesen. Ich habe das einfach nicht gerafft. Meine Mutter ist schier verzweifelt.«

Ohne wirklich eine Entscheidung getroffen zu haben, latschten wir weiter über das Feld und irgendwann wieder in einen Wald hinein. Ein augenscheinlich ab und an motorisiert befahrener Weg spendete uns Hoffnung, ihm folgend wieder heraus und vielleicht sogar ins nächste Dorf zu finden. Als wir uns zur Rast auf zwei Baumstümpfen niederließen, war in der Ferne plötzlich etwas zu vernehmen: ein Mensch. Ferdinand erkannte ihn als Jäger, wegen der Flinte, die er auf uns richtete. Der Jäger nahm sie wieder beiseite, schaute noch einmal durch sein Fernglas und kam dann auf uns zu. »Plimbare« und »Turisti« rechtfertigten wir uns und äußerten ein paar Halbsätze in schlechtem Rumänisch. »Germană?«, fragte der Mann, wir bejahten und er fuhr auf Deutsch fort: »Ich wollte euch eben erschießen, dann habe ich zum Glück nochmal geschaut. Es ist gefährlich im Wald.« Wir nickten und erzählten ihm von unserer Broschüre. Er sagte, wir sollen ihm folgen, dann zeige er uns, wie es aus dem Wald herausginge. »Wir haben hier Wölfe und Bären, Bären nicht so viele, ich habe heute aber schon Bärenspuren gesehen.« Wir haben ein paar Rehe gesehen, Ferdinand hat sogar welche fotografiert. Der Beschreibung nach sind es nur anderthalb Kilometer aus dem Wald heraus. »Auf Kante gehen«, sagte der Jäger und Ferdinand nickte wissend. Ungefähr eine halbe Stunde später verließen wir den Wald und marschierten tatsächlich auf Zlagna zu, dem zweiten Dorf.

Jetzt Zlagna. Ferdinand humpelt inzwischen. »Meine Leiste bringt mich um. Mein Gott, was schmerzt mir denn jetzt die Leiste so?« Wenn man denkt, es tut schon alles weh, tut plötzlich noch irgendwas weh. Von der Kirche aus wandern wir auf den höchsten Punkt in Dorfnähe zu – zwischenzeitlich verfolgen uns wieder Hunde, wuff wuff wuff! – kotz! – dann, der höchste Punkt: In der Ferne kann man ein Gebirge sehen. Von nun an praktisch nur noch dem Hügelkamm folgen, schon ist man wieder in Alma Vii. So ungefähr steht es in der Broschüre. Wenig später befinden wir uns schon wieder in einem Wald, einem anderen als dem zuvor. Wir stolpern durch den

Wald, Ferdinand tropft der Schweiß von der Stirn. Der Boden ist laubbedeckt und voller Äste. Jeder dritte lässt ihn gotteslästerliche Verwünschungen ausstoßen. Langsam dunkelt es. »Wir müssen aus diesem scheiß Wald raus, ehe es dunkel ist«, sagt Ferdinand. Leichte Besorgnis befällt uns. Als wir aus dem Wald treten, sehen wir weder Alma Vii noch sonst ein Dorf. Rehe hüpfen unbekümmert herum, wir kraxeln wieder einen Berg hoch, um besser blicken zu können. Da: ein Dorf! Da müssen wir jetzt hin, egal welches es ist, es gibt dort eine Straße, die wir entlanggehen können. Als wir ankommen, ist es schon dunkel, auf dem Ortschild steht: Zlagna.

Ein Auto nähert sich uns, ich halte den Daumen raus und es hält an. Man ist das von zu Hause nicht mehr gewohnt, aber so läuft das hier noch. Der Mann, der aussteigt, ist rasiert und parfümiert – eine unwirkliche Erscheinung. Er fragt: »Do you speak English?« »Of course!«, ruft Ferdinand und verständigt sich mit ihm. Das Auto ist bloß ein Zweisitzer, er kann uns nirgends hinfahren. Es ist nicht möglich, ein Taxi zu rufen. Warum auch immer: Es ist einfach nicht möglich. Aber der Mann kennt den Weg nach Alma Vii, es sind noch einige Kilometer, sagt er, überlegt kurz und meint, wir sollen hier eben warten, er hole ein anderes Auto und fahre uns damit heim. Tatsächlich läuft es genauso: Der erste Mensch, dem wir uns als Anhalter zu erkennen gaben, hielt an, holte flugs ein anderes Auto herbei und fuhr uns damit zehn, zwölf Kilometer durch die Nacht zurück zu unserem Zuhause.

Unter Ächzen entledigt sich Ferdinand seiner Schuhe. »Stalingrad«, stöhnt er, »stell dir das mal vor, überall Schnee, vor dir und hinter dir nichts als Schnee. Da ist die Versuchung doch groß, sich zu denken: Da, da lege ich mich hin, bleibe einfach liegen. Und bald schon ist die Kälte gar nicht mehr so kalt, man spürt sie nicht mehr oder spürt sie anders, vielleicht sogar angenehm, und dann spürt man gar nichts mehr.« Auf unserer Wanderung begegnete uns nur sehr, sehr wenig Schnee, vor gut zwei Wochen schmolz der rumänische

Ferdinand sieht aus wie ein wetterresistenter Outdoor-Typ,
tatsächlich aber sind die Socken so durchgeweicht
wie sein Hirn.

Schnee dahin. Ferdinand spürt ihn anscheinend immer noch, vielleicht sieht er ihn sogar noch. Mit seinem neuen Messer schneidet er sich die Blasen an seinen Füßen auf. Welcher Last diese Füße ausgesetzt sind! Es ist ein gutes Paar Füße! Mein Gott, was leisten meine Füße im Vergleich? Nichts. »Die Schenkel habe ich mir außerdem wundgelaufen«, ruft Ferdinand. »Reiben deine Schenkel beim Gehen aneinander?« Ich muss verneinen, nicht mal das. »Meine schon! Das ist so bei uns Dicken!« Erst nach und nach bekomme ich ein Bild davon, welchen Strapazen mein Freund allein durch seinen auf den ersten Blick doch so tadellosen Körper ausgesetzt ist.

2.2.

Ich bin mir sicher, Van Oystern schreibt etwas über meine Füße, ich hoffe, ich komme dabei nicht rüber wie ein totaler Idiot.

Ferdinand hat uns unlängst Hummus zubereitet. Dazu hat er uns Kichererbsen aus der Dose zerdrückt und die Masse mit reichlich Salz, Olivenöl, Zitronensaft und ordentlich Paprikapulver vermengt. Einige Tage später saßen wir nach dem Einkaufen auf dem Parkplatz vorm Supermarkt im Auto und brachen uns eine Dose fertigen Hummus auf (Supermarkttemperatur, sozusagen handwarm).

»Schmeckt nach gar nichts«, sagte Ferdinand, »probier mal.«

»Hm, findest du wirklich, nach gar nichts, oder meinst du nur, nicht so intensiv?«

»Ich könnte das nicht mal zuordnen, ernsthaft.«

Ferdinand kruschelte noch mal in der Einkaufstasche und gab sich vom Chilisenf auf seine Hummussemmel.

Bei der Nahrungsmittelrezeption spricht Ferdinand häufiger von deren Beschaffenheit als vom Geschmack. »Konsistenz«, pflegt er zu sagen. Die Konsistenz von Champignons verabscheut er, auch Zucchini mag er nicht leiden, und Auberginen wecken in ihm das Verlangen, sie sich an den Kopf zu schlagen. Soßen werden von ihm sämtlich geschärft, nicht so ein bisschen, sondern richtig, dass es in der Goschen brennt und im Bäuchlein blubbert. Nicht eigenhändig Zubereitetes wird ungekostet nachgesalzen, seit Jahren spricht er von so einem kleinen Salzstreuer, den er gerne immer bei sich tragen würde. »Noch kann ich es zurückhalten«, sagt er jedes Mal, wenn er die Rede über den Streuer schließt. Landläufig als normal angesehenes Verhalten bedeutet Ferdinand so mittelmäßig viel, ein bisschen weniger als dem Durchschnitt vielleicht, er möchte bloß nicht überall als der Typ mit dem Salzstreuer bekannt sein.

Nun, jedenfalls: Bei der Brotzeit im Auto ging uns zum ersten Mal auf, wie arg es um Ferdinands Geschmacksnerven steht.

Das wahre Märchen vom Zwiebelmann

von Ferdinand Führer

In einer Seitenstraße, unweit meiner damaligen Wohnung, lebte der Zwiebelmann. Er war nicht schon immer der Zwiebelmann. Einst war er ein stolzer Dönerbuden-Besitzer. Aber das Wort Bude wurde gerade eben hier zu Unrecht hingeschrieben, denn seine Lokalität konnte drei Tische, die dazugehörigen Stühle, einen Novoline-Münzspielautomaten und ein WC aufweisen.

Die Menschen kamen gerne zu ihm. Nicht nur, weil es hier sauber war, der Zwiebelmann, der zu diesem Zeitpunkt noch Herr Yüksel hieß, war auch ein netter Kerl. Oftmals kam ich auch einfach so zu ihm auf ein Uludag und ein paar Runden am Spielautomaten.

In der Schwabstraße, wo sich Herr Yüksels Gastronomie befand, waren allerlei Restaurants und Imbissbuden, aber er war der erste, der morgens seinen Laden auf-, und der letzte, der abends wieder zuschloss. Nie habe ich einen fleißigeren Menschen gesehen.

Ich weiß nicht, wie es kam, aber aus irgendeinem Grund wollte der Laden nicht mehr richtig sauber werden. Nicht, dass es mich gestört hätte, aber die meisten Menschen finden geputzte Glasscheiben gut, und bei der Auswahl an Verköstigungsanbietern kam es dazu, dass immer mehr Bürger einen anderen aufsuchten. Anfangs nur schleichend.

Auch konnte man anfangs noch ab und zu seine Gemahlin sehen, die mithalf oder mal wischte, später, wenn

man sie sah, schimpfte sie ihren Mann nur noch aus
oder war gerade dabei, wütend den Laden zu verlassen.
Irgendwann sah man sie gar nicht mehr, aber oft klingelte das Telefon. Alle Anwesenden schraken auf, wenn
das passierte, wusste doch jeder, wer da anrief, und
unser guter Herr Yüksel, inklusive all seiner Gäste,
mussten sich einen zwanzigminütigen Schimpf-Monolog
anhören, so laut war die Stimme am anderen Ende. In
diesen Situationen war es unmöglich, eine Bestellung
aufzugeben, und wenn in dieser Zeit jemand den Laden
betrat, verließ er ihn schnell wieder und kehrte beim
Asiaten nebenan ein, der unlängst neu eröffnet hatte,
und sich regen Zuspruchs erfreute.

Herr Yüksel hatte auch drei Söhne, aber keiner
machte ihm Ehre. Faul lümmelten sie an einem Tisch,
bedienten ihre Smartphones oder spielten Karten. Wenn
ihr Hunger und Durst gestillt waren, zogen sie ab. In
ihren Augen war Folgendes zu lesen: Wir wissen zwar
nicht, was mal aus uns werden soll, dafür wissen wir
ganz genau, was nicht: ein beschissener Dönerbuden-Typ
wie unser Vater.

Wie schon erwähnt, befand sich seit Kurzem genau neben
unserem Dönerladen ein Asiate. Der Nachbar zur anderen
Seite, ein Penny, war über eine Passage zu erreichen.

Es trug sich zu, dass in dieser Passage eine winzig
kleine Ladenfläche frei wurde. Herr Yüksel hatte einen
verwegenen Plan, er setzte alles auf eine Karte und mie-
tete den nicht mal drei Quadratmeter großen Raum an,
um dort einen Hähnchengrill und eine Pommes-Fritteuse
zu installieren.

Er stand weiterhin in seinem immer mehr herunterkommenden Dönerladen und, oh Wunder, seine Frau verkaufte Hähnchen in der Penny-Passage. Es hätte klappen können, doch der Hähnchengrill siffte in kürzester Zeit genauso ab wie der Laden.

Als man dachte, dass es jetzt wenigstens nicht schlimmer werden könnte, ist es passiert: Seine Frau war weg, von einem auf den anderen Tag.

Herr Yüksel musste von nun an zwischen beiden Läden hin und her springen. Immer schlechter sah er aus, denn im Grillimbiss war es furchtbar heiß, und wenn jemand einen Döner wollte, was mittlerweile gar nicht mehr so oft vorkam, musste er verschwitzt im T-Shirt nach draußen, um den Laden zu wechseln. Her und hin, hin und her, und das den ganzen Tag lang.

Die Qualität sank und der Pizzateig wurde zäh wie eine Schuhsohle, wirklich wahr.

Meine Freundin Lisa und ich hielten zu ihm, und niemals hätte es uns in einem der anderen Lokale schmecken können.

Doch es kam, wie es kommen musste. Herr Yüksel konnte nicht mehr. Auch der Dönerladen war fertig und dermaßen dreckig, dass ein normaler Mensch kaum noch hineingehen wollte. Unser türkischer Gastwirt war nervlich so angeschlagen, dass er das Gedudel des Novoline-Automaten nicht mehr ertragen konnte, und nur auf Bitten guter Stammkunden wurde das Ding manchmal noch eingesteckt. Kurz vor dem Ende war der Automat dann gar nicht mehr da.

Mein Herz blieb stehen, als ich an einem düsteren Novembertag feststellen musste, dass der Laden dichtgemacht hatte. Ich kann mich nicht erinnern, dort jemals vor verschlossener Türe gestanden zu haben. Und jetzt war sie zu, für immer.

Herr Yüksel aber hatte über Nacht sein Dönerbratgerät, die Salatauslage, den Pizzaofen und den Getränkekühlschrank in den kleinen Hähnchengrill verfrachtet, der vorher schon kaum Platz für einen Verkäufer bot.

Die vielen Geräte auf so engem Raum trieben ihm den Schweiß aus jeder Pore und der fehlende Raum zwang ihm eine unnatürlich wirkende Körperhaltung auf.

Wenigstens gab es hier kein Telefon.

So sollte es noch fast ein Jahr lang gehen.

Dann passierte es: Der Zwiebelanteil im Yufka oder Döner wurde immer höher, erst unmerklich, dann massiv. Irgendwann hatte er kaum noch Tomaten oder Salat in der Auslage, nur noch Zwiebeln.

Gegen Ende hin bestand ein Salat zu 70% aus Zwiebeln. Manchmal, wenn man zum Beispiel eine Tomaten-Mozzarella-Pizza bestellte, war die Chance nicht gering, dass sich einfach nur Zwiebeln auf dem zähen, fast nicht mehr essbaren Teig befanden.

In diesen Tagen konnte ich Lisa immer öfter so unverbindlich sagen hören, dass man doch mal zum Asiaten gehen könnte, oder den neuen Inder ausprobieren, der soll gute Falafel machen.

Ich ging weiterhin eisern zum Zwiebelmann. Anfangs konnte ich Lisa noch mit gutem Zureden und Durchhalteparolen dazu bringen, es mir gleichzutun. Später trennten wir uns zur Nahrungsbeschaffung und trafen uns dann im Park wieder. Lisa mit Thai-Curry oder Falafel-Sandwich, ich mit einem undefinierbaren Zwiebelklumpen.

Jetzt ist im Laden ein weiterer Asiate und im Hähnchengrill ein »Stern Kebab«. Das ist eine Kette und es gibt bereits vier Ableger davon in der Stadt. Seither gehen wir viel seltener essen, kaufen meistens was im Penny.

Ab und zu denke ich an den Zwiebelmann, und daran, was wohl aus ihm geworden ist. Das Einzige, was mir bleibt, ist, ihm in Gedanken alles Gute zu wünschen.

5.2.

Eine Sache, die mich an Roland nie genervt hat, fängt an, mich zunehmend fertig zu machen: das ewige Im-Zimmer-Hin-und-Hergelaufe.
Es beginnt schon morgens, wenn man am Tisch sitzen und Kaffee trinken möchte; Roland macht sich ein Brot im Toaster, läuft währenddes-
sen auf und ab. Wenn das Brot fertig ist, beschmiert und verzehrt er
es, im Stehen. Nach Vollendung der Nahrungsaufnahme fängt sofort
die planlose Auf-und-Abgeherei wieder an. Manchmal fordere ich ihn
auf, Platz zu nehmen oder schiebe ihm einfach einen Stuhl zu.

Auch hat er die Neigung, falls wir gerade beide mal sitzen, immer
mit mir mit aufzustehen. Wenn ich nur schnell meinen Tabak hole
oder aufs Klo gehe, dreht Roland schon fleißig seine Runden, wenn
ich zurückkomme; zum Fenster, zur Türe, zum Tisch und wieder
zurück, zum Fenster usw.

05.02.2015

Tag 50, Donnerstag

Erneuter Schlammmarktbesuch.

Beim ersten Anlassen des Autos vorm Haus kommt einer der
Dorfboys des Wegs, vernimmt die Geräusche, die die Karre macht,
nickt uns verkniffen zu und denkt: Dreck. Jetzt muss ich gleich wieder anschieben! Doch: Die Karre springt an. Der Typ geht lässig an
uns vorüber, als wäre nichts, wir fahren lässig los, als wäre nichts.

Auf dem Weg nach Mediaş spielt uns das Radio von der
Rock'n'Roll-Musik, die wir so gerne mögen: »A hard day's night«.
»Der Song erzählt dir, wie's mir geht«, sagt Ferdinand und singt
mit: »... and I've been working like a dog ...« »Von der Attitüde
her«, erklärt er, »bin ich die Rolling Stones, Musik mag ich lieber
von den Beatles.« Ein Moderator spricht zu uns: »Angela Merkel«,
»Jackie Chan« und »Korruption« – alle drei Begriffe in ein und
demselben Wortbeitrag. Klingt nach einer Meldung von Interesse,
hätten wir bisher bloß besser Rumänisch gelernt. Ferdinand denkt
sich jeden Morgen nach dem Aufwachen: Jetzt lerne ich ein paar

Eigentlich bereit, wieder heimzufahren, allerdings sind es noch äh ... 10 Wochen (und außerdem springt die Karre sowieso nicht mehr an).

neue Vokabeln! Dann setzt er sich in den Zwischenraum, raucht ein paar Zigaretten, trinkt Kaffee und vergisst darüber jedes Mal ganz sein Vorhaben. So zumindest hat er mir das erzählt. Ich bin leider kein guter Lernpartner für ihn, ich lerne praktisch überhaupt kein Rumänisch.

Auf dem Schlammmarkt ist alles beim Alten. Wir gehen ein paar Meter, Ferdinand erkundigt sich nach dem Preis für ein Kabel und legt es trotz des geringen Betrags wieder zurück. Auch das zweite Paar Filzeinlagen, das er laut eigenen Angaben gut gebrauchen könnte, lässt er liegen. Kein Einkauf heute. Wir verlassen den Markt. »Porno-DVDs hätte ich gebrauchen können«, sagt Ferdinand. Er nimmt hinter dem Lenkrad Platz, setzt zurück, wendet. Nach 100 Metern nimmt er einer Frau die Vorfahrt. »So ein Flittchen!«, ruft er, »der brennt's wohl unterm Hut!«

Zwischen Mediaş und Alma Vii passiert etwas Erfreuliches: Ein anderes Auto mit Adleraufkleber fährt an uns vorbei. Ferdinand sieht es leider nicht rechtzeitig, um dem Fahrzeugführer zuzunicken oder zwei Finger vom Lenkrad zu heben. Trotzdem schön.

»Was würdest du eigentlich von Leuten mit Adleraufkleber auf dem Auto halten, wenn du mich nicht kennen würdest?«

»Puh, weiß nicht. Wahrscheinlich vielleicht nichts so total Positives.«

»Ich find's trotzdem cool.«

Weil wie immer viel Fahrschule auf der Straße ist und vielleicht auch, weil sich dazu heute noch niemand geäußert hat, sagt Ferdinand: »Viel Fahrschule unterwegs. Allgemein: viel Fahrschule hier auf der Straße. Aber gut, was willst du machen? Hier brauchst du 'nen Lappen, sonst gehst du ein, sonst hockst du in deinem Dorf und wirst bekloppt. 'nen Lappen: verstehen die Kids wahrscheinlich gar nicht mehr. Kennen die nicht mehr, die alten Lappen. Woher auch?«

»Nee, woher auch«, gebe ich ihm recht und ergänze noch recht unnütz die Beobachtung: »Viel Fahrschule und viel Taxis. Sehen sich auch ähnlich.«

»Könnte man kombinieren«, sagt Ferdinand. »Würde beides günstiger machen. Nur für den Fahrgast wäre es vielleicht nicht so nice. Du könntest so einen Laden aufmachen! Van Oystern's Fahrschultaxi, wäre nice. Dann könntest du deine Schüler immer fragen: ›Siehst du schon, was auf dem Schild da vorn steht?‹ Und dem Gast hinten drin würde es ganz anders.«

7.2.

Roland schmuggelt im Supermarkt eine Packung Druckerpapier in den Einkaufswagen. Denkt wohl, ich sehe es nicht. Verrückt, die kann er ungeöffnet mit nach Hause nehmen. Aber ich sage auch nichts, da die Papiernot für ihn real ist und ich ihn nicht schon wieder mit seiner Fehlinterpretation der Wirklichkeit konfrontieren möchte. Da wird er dann immer etwas patzig.

Das gute Gespräch

Fridolin Fahrer und Robert von Osten über Kunst, Literatur und den objektiven Mehrwert

Fridolin: Grüß dich, Robert.

Robert: Jaja, grüß dich ... dann fangen wir jetzt an?

Fridolin: Okay, fangen wir an. Ist die Schriftstellerei die unterste aller Kunstformen? Ist die Schriftstellerei überhaupt eine Kunstform oder eher ein Handwerk? Ein Kunsthandwerk vielleicht, so wie das des Goldbläsers?

Robert: Die niederste Kunstform ist der Tanz. Das ist so was wie Sport. Klar, es gibt bestimmt Tänzer oder Tänzerinnen, die krass individuell irgendwas ausdrücken. Aber kennt man ja eh alles schon, und man versteht ja nichts. Ist ja Tanz, was soll man da verstehen?

Fridolin: Was würdest du jungen Autoren empfehlen, die vielleicht einfach mal zehn, zwanzig Jahre vor sich hindümpeln wollen?

Robert: Ach, ich finde, dass man es als Schriftsteller gar nicht nötig hat, zu publizieren. Ich bin mir auch gar nicht sicher, ob ein Schriftsteller überhaupt jemals irgendwas aufgeschrieben haben muss. Die größten Genies sind gar nicht entdeckt worden. Wie auch? Das ginge ja gar nicht. Haben ihr Material bis zum Schluss zurückgehalten und lässig mit in den Sarg genommen. Kennst du junge Künstler, Schriftsteller persönlich?

Fridolin: Hm ... na ja ... kenne ich schon, die haben es eilig mit dem Publizieren. Ich finde, man sollte nicht zu nachlässig sein mit dem Müßiggang. Sonst sind, ehe man sich versieht, 30 Bücher vollgeschrieben, und dann heißt es: »Alles scheiße, nervt beim Lesen.«

Robert: Ein Buch wird nur durch den Umstand, dass es geschrieben worden ist, nicht besser. Klar, die Schreiberei ist ein Ventil, aber ...

Fridolin: Jaja, für Leute wie dich, die früher zu kurz gekommen sind. Auch wenn du das jetzt vielleicht nicht mehr weißt – ist trotzdem so.

Robert: Eigentlich ist die Schriftstellerei ein Beruf wie jeder andere: lange, hart und die Frage des Sinns ... teilweise ungeklärt.

Fridolin: Apropos: Der Vorwurf des fehlenden objektiven Mehrwerts ist ja praktisch allgegenwärtig in der Rezeption deiner Aufschriebe.

Robert: Die Kritik irrt oft.

Fridolin: Besonders oft bei deinen Publikationen, nehme ich an.

(Schweigen)

Fridolin: 10.000 bar auf die Hand oder Erfolg post mortem. Deine Entscheidung?

Robert: Das kann ich dir nicht mehr beantworten, dafür ist mein Erfolg schon zu weit fortgeschritten. Ich bewege mich inzwischen in einem recht kommerziellen Rahmen. Hardcover 15 Euro, Magazin einen Fünfer ... Unterm Strich macht's die Summe.

Fridolin: Richtiger Erfolg, Thomas Mann, Wittwer, Gondrom, Fantasy-Abteilung, Zauberbuch.

Robert: Entscheidungen pre mortem zu treffen fällt mir eh irgendwie schwer.

(Schweigen)

Fridolin: Im bürgerlichen Milieu sind Bücher auch sehr gefragt, zum Beispiel Bücher von Barbara Wood oder Arthur Conan Doyle.

Robert: Übersetzt in 35 Sprachen — als ob man Literatur übersetzen könnte —, 200. Auflage. 10.000 Stück, das ist eine Summe, unter der man sich was vorstellen kann. Nicht so wie 70 Trilliarden, eine Summe, die der menschliche Verstand geistig gar nicht verarbeiten kann.

Fridolin: Du bist ja einer der am häufigsten falsch zitierten Autoren. Geht dir da manchmal das Messer im Sack auf? Worin, denkst du, liegt es begründet, dass man sich so häufig verliest bei dir?

Robert: Keine Ahnung, weiß ich nicht. Aber deine Satzzeichenführung ist ja in letzter Zeit sehr in die Kritik geraten, als ... nicht falsch, aber ein bisschen schlecht vielleicht.

Fridolin: Die Satzzeichenführung obliegt meinem Kontrolleur. Ich glaube, der kifft und ist manchmal nicht ganz bei der Sache. Aber letzten Endes juckt's mich nicht besonders ... und überhaupt, wer hat denn das behauptet? Woher kommt die Kritik? Auf welche Quellen beziehst du dich, Boy?

Robert: Radio.

Fridolin: Ach so. Radio, mhm.

In den Rundfunkanstalten, vornehmlich im Radio, wird Literatur ja noch sehr ernst genommen, wird auch fast nur ernstgemeinte Literatur rezipiert da. Aber ist trotzdem alles Mist, neomodernes Nachkriegs-Blabla, objektiver Mehrwert gleich null. Hundert Prozent fad.

Robert: Nachkriegsliteratur ... hat eh alles die CIA finanziert. Muss man wissen.

Fridolin: Möchtest du noch von meiner Ingwer-Pfefferminz-Mischung? (Holt seine Thermoskanne hervor.)

Robert (gierig auf Zuführung bedacht): Ja, oh ja.

Fridolin: Die großen Verlagshäuser sind meines Erachtens weniger Wert als der Dreck unter meinen Fingernägeln, nenn mir eine relevante Publikation dieses Jahr, oder nach dem Krieg, kommt aufs selbe raus. Nur noch so Gewäsch und Befindlichkeitskäse von Schriftstellern, die lieber Kürschner oder Hufschmied geworden wären, anstatt sich den ganzen Tag selbst zu reflektieren. Mit Allem hadern, was es gibt, bis sich der Dachstuhl biegt ... bis sich der Dachstuhl biegt, gar nicht schlecht ... muss ich mir nachher aufschreiben ... neuer Roman ... (unverständlich ...)

(Schweigen)

Robert (sieht sich im Zimmer um): Ansehnlich, die Kulisse. Weiß zu gefallen. Hat der Dramaturg schön hindrapiert, die Bilder.

Fridolin: Drapiert werden nur weiche Gegenstände, hat mir mein Kontrolleur neulich in einer Kurzgeschichte angekreidet. Drapiert werden nur weiche Gegenstände, harte Gegenstände werden einfach hingestellt. Oder arrangiert ... oder irgendwas.

Robert: Kurzgeschichten, macht man das noch?

Fridolin: Kurzgeschichten: Schreibt jeder, verlegen tut sie keiner. Kannst du damit hausieren gehen, bis du schwarz wirst. Nicht mal Kleinverlage, nicht mal die. Wenn du täglich 300 Manuskripte auf dem Schreibtisch liegen hast, bist du froh, wenn der Laden in Konkurs geht.

Robert: Ich hab letztens wieder gesprochen mit einem ... der hat ein Interview mit mir geführt ... für die Nachrichten oder Zeitung, Literaturzeitung ... Fanzine, keine Ahnung ... der verteilt bei uns im Dorf oft selbstkopierte Handzettel, die enthalten dann Informationen, und der hat mich gefragt, welches Essen mir gut schmeckt, da hab ich dem gesagt: Mir schmeckt schon lang nichts mehr. Ab und zu noch Kuchen. Ja, gut. Kuchen. Und dann hat der die Frechheit, mich zu fragen: »Woraus beziehen Sie Ihre Inspiration?« Da hab ich dem gesagt: »Es gibt nichts Inspirierenderes als ein blütenweißes Blatt Papier. Mit Stift. Kugelschreiber oder so.«

Fridolin: Als Schriftsteller stehst du alleine da. Manchmal kommt's mir vor, als wäre der Kontrolleur mein einziger Freund. Dabei hasse ich den ... Ich hasse den wirklich.

Robert: Ich hab einen Roman gelesen, 8.000 Seiten, von ... von ... Jean-Jean Jeraque. Franzose, seines Zeichens. In zwei Tagen. Beim Joggen.

Fridolin (Schulterzucken): Inspiration ist was für Unterbelichtete und Hobbyautoren. Ich bin Schriftsteller, ich setz mich hin und dann schreib ich, das hat nichts mit Spaß oder Selbstverwirklichung zu tun. So wie der Bäcker seine Brötchen, produziere ich Niederschrift. Wort für Wort, Satz für Satz, bis das scheiß Buch voll ist. Und du?

Robert: Ich schreib halt irgendwas auf.

Fridolin: Sowieso.

(Schweigen)

Robert: Was hältst du von Künstlern, die sich um Kunstförderung bemühen?

Fridolin: Fahlgesichtige Affen.

Robert: Künstler, die sich um Kunstförderung bemühen, kannst du allesamt vergessen. Wer Bock hat, Anträge auszufüllen, soll halt wie jeder andere auch zu einem der entsprechenden Geldämter gehen.

Fridolin: Oder arbeiten. Harte Arbeit und karger Lohn schleifen die Urteilsfähigkeit in künstlerischen Belangen.

Robert: Redest du da aus eigener Erfahrung?

Fridolin: Gewiss, ich habe heute noch Verbindungen ins Arbeitnehmer-Milieu.

Robert: Ich war eigentlich immer ganz gerne angestellt, habe aber irgendwann keine Zeit mehr gehabt. Keine Muße mehr, vielleicht auch so ein bisschen das Interesse verloren.

Fridolin (greift in eine Schale mit Sonnenblumenkernen): Die Kerne sind meine Nemesis.

Robert: Nicht schlecht, bisschen umständlich zu essen. Wenn man Hunger hat, isst man besser Nüsse.

(Schweigen)

Fridolin: Es gibt nichts Geileres für die Leute, als irgendwas performativ dargeboten zu bekommen, was sie schon so vom Hören oder aus dem Internet kennen. Oder wenn der Typ seine Freundin dabei hat, die es noch nicht kennt.

Robert: Warum kennt es die Freundin nicht?

Fridolin: Vielleicht zu klug für den Quatsch ... oder zu desinteressiert.

Robert: Hast du Frau? Kinder?

Fridolin: Unwahrscheinlich. Selbst?

Robert: Ich hatte mal 'nen Hund, hat mich genervt, dauert zehn Jahre, bis so einer verreckt.

Fridolin: Stichwort: Salzburg. Ingeborg-Hansen-Preis.

Robert: Gehst du?

Fridolin: Ich hab niemanden, der mich fährt.

Robert: Anspruchszeug. Frank Schätzing triffst du da nicht. Dafür einen Haufen andere Penner, die willst du genauso wenig treffen, nee, sicher nicht.

Fridolin: Ich hab den Frank Schätzing in Frankfurt getroffen, labert wie ein Dummer. Schwachkopf.

Robert: Hast du schon mal was gelesen von dem?

Fridolin: Nee, du?

Robert: Logisch, liest sich schlecht: Schlechter Aufbau, mangelhafte Wortführung ... und den Schluss hab ich nicht ganz kapiert.

Fridolin: In Frankfurt, da laufen sie rum, die ganzen Nachwuchspfeifen mit ihren Manuskripten, haben wahrscheinlich sogar dem Hausmeister eins kopiert. Oder diese alten Affen, vor 20 Jahren mal ein halbwegs gut lektoriertes Buch hinbekommen, seitdem nur noch Wanderprosa oder so Actionzeug. Will ich nicht lesen, krieg ich schlechte Laune von, da lese ich lieber noch mal meine eigene dreibändige Hitler-Saga »Hitler und die drei Musketiere«. Kennst du die?

Robert: Kann sein.

Fridolin: Die Kunst ist ja heutzutage, Sachen nicht aufzuschreiben, anstatt sie aufzuschreiben. Das ist das Hauptproblem vieler Kollegen. Bin froh um jedes einzelne Buch, das nicht geschrieben wird.

Robert: Willst du noch lang machen?

Fridolin: Wieso, was sind denn die Vorgaben? Sechs Seiten, sieben Seiten ...? Wird das denn abgedruckt?

Robert: Andere Frage: Was zahlen dir die hier eigentlich?

Fridolin: Geld. Standard.

Robert: Gut, krieg ich auch ... brauch ich auch ... hab Ausgaben.

(Bisschen Schweigen)

Fridolin: Es heißt, du trinkst wieder?

Robert: Mein Gott, was soll man denn darauf antworten?

Fridolin: Du bist ja, schätze ich mal, ohne dir jetzt zu nahe treten zu wollen, eher so der Typ Fleißarbeiter. Aus dem wahren Künstler, also aus einem wahren Künstler, Schriftsteller, fließt es einfach so heraus. Dem wahren Künstler bedarf seine Kunst keine einzige Überlegung. Das Werk ist einfach da, zack! Eben war's noch nicht da, schon ist es da. Wer Optimierungsbedarf verspürt, an seinem Schaffen oder an sich selber, ist definitiv in der falschen Branche. Der kann Krankenpfleger werden. Oder im Büro arbeiten.

Robert: Busfahrer ist auch kein schlechter Beruf. Wenn man so was mag.

Fridolin: Für mich wär's ja nichts. Wüsste gar nicht, wo ich da hinfahren sollte.

Robert: Ein widerlicher Beruf ist auf jeden Fall Rezensent. Die halten sich selber für Schriftsteller. In Wirklichkeit sind das elende Schnorrer und Kostgänger, lesen das Zeug gar nicht, stellen es bei Ebay rein und gehen mit der Kohle ins Kino ... oder ins Schwimmbad. (Überlegt) Man hört immer »schlüssige Form« oder »sinnvolle Plots«, klar, kann man machen, verkauft sich vielleicht auch ganz gut, spricht im Prinzip auch überhaupt nichts dagegen ... aber sind wir uns doch mal ehrlich: 'ne Million auf dem Konto, nicht schlecht, gerade am Monatsanfang, aber jeder halbwegs respektable Schriftgelehrte hält dich halt für einen verdammten Einfaltspinsel.

Fridolin: Wie viele Millionen hast du so?

Robert: Geht dich nichts an. Aber ich wüsste es jetzt auch gar nicht genau. Hab's nicht bar.

Fridolin: Als guter Autor bist du sensibel, musst du sein, nicht so wie die tumbe Masse, die hat's gut, die kann machen, was sie will, aber als Schriftschaffender bist du empfänglich, empfänglich für Relevantes, deshalb leider auch oft für Unrelevantes, meistens sogar für Unrelevantes. Das ist der Lohn, den man zahlt, für maximale Empfindungsstärke. Beispiel: Ein Mann geht spazieren, am schönen Tag, denkt sich nichts. Anderer Mann, Schrifterzeuger im positivsten Sinn, geht ebenfalls spazieren, denkt sich: Herrlich, wie der Wind sich dreht, da er jetzt von Osten weht! Horch, die Spatzen pfeifen wieder, immerzu die schönsten Lieder! Oder so. Jedenfalls: Das ist der Unterschied.

Robert: Wem sagst du das? Ich bin auch jetzt schon wieder so fröhlich und so traurig zugleich, weiß gar nicht, wo mir der Kopf steht.

Fridolin: Klar, dann machen wir jetzt Feierabend.

Robert: Einverstanden.

8.2.

Jetzt ist es ein Stück nach der Halbzeit und Roland ist der geistige Antreiber des Abschiedskonzerts. Es rückt näher und näher und er ist so überzeugt davon, dass es mir auch fast so vorkommt, als müssten wir das machen. Jedenfalls lässt seine Vision diesbezüglich wenig Platz für eventuelles Einlenken.

09.02.2015
Tag 54, Montag

Der Schnee ist zurück, und mit ihm die scharfe Kälte.

Ferdinand sitzt vorm Ofen samt dem mittlerweile drumherum angerichteten Instrumentarium. Auf dem Schürhaken, den er in der Hand hält, hängen zwei Socken. Er hält abwechselnd den Haken und seine nackten Füße vors Ofenloch. Aus den Ofenfugen, auf denen die Ofenplatten aufliegen, hängen inzwischen so merkwürdige Schnüre, schwer einzuordnen für uns. Asbest vielleicht. Überm Ofen, an einem Haken in der Decke, befindet sich ein Kleiderbügel und daran hängt Ferdinands mit der Hand ausgewaschene lange Unterhose, aus deren unterstem Saum es gemächlich heraustropft, was den Ofen immer wieder kurz zischen und dampfen lässt.

»In jeder Ecke des Zimmers ist in der Decke so ein Haken«, sagt Ferdinand. »Das heißt, dass sich hier drin vier Leute gleichzeitig aufhängen können. Hat ein bisschen gedauert, bis sie mir aufgefallen sind.« Ich schaue nach oben: tatsächlich. In meinem Zimmer gibt es diese Haken nicht.

»Hab 'ne lange Nacht gehabt«, sagt Ferdinand. »Hab den Sonnenstein gefunden, den Leuchtturm repariert und konnte dann in einem Boot übersetzen in eine andere Stadt.«

Nach vier, fünf Wochen hat er seinen Mega Drive an den eigens dafür mit nach Rumänien gebrachten Röhrenfernseher angeschlossen und sitzt seitdem gar nicht so selten davor.

»Ich hab 50 schwarze Katzen verbrannt, eine nach der anderen«, sage ich.

»So hat jeder sein Geschäft«, fasst es Ferdinand zusammen und schlüpft in seine Socken. »Warme Socken, warmer Fuß, besser geht's nicht!«, erklärt er und zeigt auf eine weitere Vorrichtung am Ofen, an der noch einmal ein Paar Socken hängt. »Und dann noch die, die ich die ganze Nacht geröstet hab! Heute lass ich's mir gutgehen!«

Vor einigen Tagen brach Ferdinands Nervenleiden durch. Schon zum zweiten oder dritten Mal seit wir hier sind, zum ersten Mal allerdings hat er es mir gegenüber erwähnt.

»Furchtbar nervös« – das waren seine Worte, und: »Dreck. Verdammter Dreck.«

Ohne erkennbaren Grund taucht sie immer wieder auf, die Nervosität, und sie macht ihm die Stunden zum Unvergnügen. Wenn es gut läuft, verlässt ihn der Zustand noch am selben Tag wieder, oder über Nacht – diesmal bekam er ihn, wenn ich es richtig zu deuten verstanden habe, recht bald wieder fort. Zuerst brauchte er nur Ruhe, dann, als es abflaute, aber nochmal etwas Gesellschaft. So spielten wir gemeinsam das Mega-Drive-Spiel »Sunsetriders«, das kann man zu zweit spielen: Der eine ist ein blauer, der andere ein rosa Cowboy. Das Lieblingsessen vom blauen Cowboy namens Billy Cool ist Vegetables, sein Lieblingsgetränk ist Kaffee und sein Lieblingswort ist »Courage«. Der rosa Cowboy heißt Cormano Wild und mag am liebsten Beefsteak, Milk und Justice. Ferdinands deutsches Lieblingswort ist »von«.

Ferdinand war ein zorniges Kind. Mit zehn, elf fing es an. Wie unter kaum etwas anderem litt er unter der Fremdbestimmung. Zum einen, weil er ihr stärker ausgesetzt war als die meisten anderen in seinem Alter, vielleicht aber auch, weil er sie stärker wahrnahm. (Das trifft auf uns beide zu.)

»Ich habe es so gehasst«, sagt Ferdinand. »Ich habe den Hass richtig gespürt. Ich habe manchmal nur noch wild auf irgendeinen Scheiß eingetreten vor Wut und Zorn.«

»Ich habe den Hass auch gespürt. Mein Gott, *Hass*. Man darf wirklich so dazu sagen. Nur dass ich mich nicht erinnere, auf etwas eingetreten zu haben. Ich erinnere mich, wie ich auf dem Bett sitze, die »Ass Cobra« von Turbonegro höre und heule, richtig heule, schluchzend, bis ich vor Tränen nichts mehr sehe.«

»Ich habe auch geheult«, sagt Ferdinand. »Ich habe auf irgendeinen Dreck eingetreten und die Tränen liefen mir das Gesicht runter.«

Die Fremdbestimmung, die Unmündigkeit: Ein Kind zu sein ist beschissener als erwachsen zu sein. Es ist schwieriger, sich zu wehren, ohne dabei restlos ins Verderben zu stürzen. Hau von zu Hause ab mit 15, wie weit kommst du?

10.02.2015
Tag 55, Dienstag

Unsere Freundinnen kommen Ende der Woche zu Besuch. Heute Mittag standen auf einmal Maria und Liviu vor der Tür, oder eigentlich im Haus, weil man hier »Buna! Buna!« ruft und einfach rein kommt. Macht man so, machen wir auch schon beinahe so, wenn wir Maria und Liviu besuchen. Maria nahm einen Besen, begann auszukehren. Ferdinand schloss sich an, trug plötzlich unsere Kochtöpfe umher, stapelte das versiffte Geschirr ... ich weiß gar nicht so genau, wie er verfuhr, es fiel mir schwer, die auf mich einprasselnden Eindrücke zu verarbeiten – selbst ich stand plötzlich mit einem Handfeger und einer Kehrschaufel da, bückte mich nach den von Maria zusammengefegten Häufchen, und plötzlich waren die beiden wieder weg. Ferdinand stand neben mir, tippte mit dem Finger gegen das zusätzliche Bett in seinem Zimmer, dessen einzelne Teile wir eben noch, gerade eben, aus unserem Holzschuppen in sein Zimmer getragen und dort zusammengesteckt hatten, gegen dieses Bett also, das unter dem sachten Druck seines Fingers schon wild knarzte, allein schon vom Antippen, und ihn schließlich veranlasste, feststellend anzukündigen: »Mein Gott, das wird laut.«

»Kaffeenervosität ist eigentlich ganz geil«, verriet mir Ferdinand beim Frühstück ein paar Tage nach dem Nervositätsschub. »Da weiß man, woher es kommt. Manchmal, wenn ich die krankheitsbedingte Nervosität aufflackern spüre, wenn ich das Gefühl habe, heute ist es wieder so weit, mache ich mir Kaffee – den trinke ich dann und kann mir einreden: Alles in Ordnung, kommt nur vom Kaffee.«

»Ernsthaft?«, frage ich.

»Ernsthaft«, sagt Ferdinand.

Das kleine Büchlein zum Erlernen der rumänischen Sprache, das Ferdinand sich gekauft hat, enthält nützliche Sätze, die sind wie auf ihn zugeschnitten:

- ❏ Du gibst mir das Salz! (Krass: der Imperativ, die Befehlsform – nach dem Salz fragt man nicht!)
- ❏ Bitte plombieren Sie mir den Zahn! (Ferdinand hat einen schlechten Zahn, der bisher unerwähnt geblieben ist.)
- ❏ Mit tut der Fuß weh.
- ❏ Wo kann ich einige Strümpfe waschen?
- ❏ Wann beginnt die Folklore-Darbietung?

Ferdinand passt sich dem nihilistischen Fahrstil der Rumänen an. Überholt wird hier prinzipiell, sobald es die Beschaffenheit des eigenen Fahrzeugs zulässt. Auch wenn man keinen Meter weit sieht, scheißegal. »Wer so fährt als läge ihm etwas am Leben, oder am Leben seiner Mitmenschen, hat meines Erachtens auf der Straße nichts verloren«, schimpft Ferdinand und schert aus – der Typ vor uns nutzt die Kapazitäten seines Automobils allem Anschein nach nicht vollständig aus. Sieht Ferdinand was? Ich bin mir nicht sicher. »Der Typ fährt wie ein verdammter Deutscher«, hetzt er und ergänzt: »Der kotzt mich an!«

Mich lässt er trotzdem nicht mehr ans Steuer.

10.2.

Noch drei Tage und Besuch aus dem Westen stellt sich ein. Die Girls, Lisa und Meta, machen Urlaub für eine Woche in Alma Vii. Die Freude ist groß und Roland hat sich dies zum Anlass genommen, seine lange Unterhose, die er seit Beginn unseres Aufenthalts täglich trägt, zu waschen. Per Hand versteht sich, und trocknen tut das Teil über meinem Ofen. Die Klos und die Zimmer werden geputzt, um den Anschein zu erwecken, wir würden leben wie Menschen. Van Oystern sagt, am liebsten würde er behaupten, eine chaotische und schmutzige Umgebung zu benötigen, damit er so richtig kreativ sein kann. Aber dieses Privileg kann niemand von uns in Anspruch nehmen, denn es ist einfach dem ewigen Phlegma geschuldet, dass es hier aussieht, wie wenn eine Bombe im Schweinestall eingeschlagen hätte. Jedenfalls wird jetzt geputzt und es ist seit dem Einzug noch nie so sauber gewesen wie gerade eben. Hoffentlich sieht man in drei Tagen noch was davon.

Für die Zeit des Besuches wird die Geschirr-Regel außer Kraft gesetzt und danach muss wohl noch einmal abgespült werden. Man kann direkt fühlen, wie Sven Regener aus der Festplatte heraus droht, denn er weiß, dass er noch einmal für uns singen und die Gitarre im Drei-Viertel-Takt spielen muss. Eigentlich wollten wir ja die ganze Element-of-Crime-Diskographie durchmachen, aber daraus wird wohl nichts. Roland meint, es liegt auch ein bisschen daran, dass der Typ einfach circa sieben Alben zu viel aufgenommen hat – schleicht sich ja schon nach den ersten drei das Gefühl ein, eigentlich alles gehört zu haben.

11.02.2015
Tag 56, Mittwoch

Ferdinands Klagen gewinnen durch ihre scheinbare Beiläufigkeit sogar noch an Gewicht.

»Wo sind meine scheiß Hausschuhe?« ruft er, obwohl er Hausschuhe an den Füßen trägt.

»Welche Schuhe meinst du?«

»Das zweite Paar. Ich muss wechseln! Ich wechsle zwischen zwei Paaren.«

»Warum?«

»Die Feuchte ist zurück, die Einlagen bringen nichts mehr.«

»Die Einlagen bringen nichts mehr?«

»Ja. Vielleicht entsteht die Kälte im Fuß.«

»Scheiße.«

»Du sagst es. Ich trage vier Paar Socken übereinander – mein neuster Versuch! Falls die Kälte im Fuß entsteht, ist das nur leider völlig für den Arsch.«

Zum ersten Mal spüre ich es plötzlich selbst feucht an den Füßen, fasse danach, taste sie ab, doch nichts, falsch gespürt, nicht feucht, oder doch ein bisschen? ... Ein bisschen vielleicht.

»Meine Güte, das ist doch zu Hause nicht so!« seufzt er, stülpt die Socken ein Stück runter und zieht sie wieder hoch, es sind etliche Paare, bestimmt vier, das macht acht Socken, meine Güte, wirklich ... meine Güte.

»Mir fällt außerdem nichts zu schreiben ein. Tagebuch und so. Weiß einfach nicht, was ich schreiben soll.«

Ich erzähle ihm von meinem Passivraucherhusten. Ferdinand sagt: »Was!? Ich habe nicht mal Raucherhusten!«

»Nicht mal Schleim am Morgen?«, frage ich.

»Nicht mal Schleim«, antwortet er.

Möglicher Klappentext: Ferdinand hat Probleme mit den Füßen und Roland ist, alles in allem, eine doch eher uninteressante Person.

11.2.

Roland will mir doch allen Ernstes einen Linsen-Dal verkaufen. »Wie beim Inder«, sagt er.

Ich weiß zwar nicht so recht, was alles zu einem richtigen Linsen-Dal gehört, was in Rolands drin ist, weiß ich aber ganz genau: eine Büchse Linsen, eine Büchse Tomaten und Salz.

Dazu noch einen guten Film, oder einen, den man noch nicht gesehen hat, denn der mitgebrachte Filmvorrat ist beschränkt und neigt sich seinem Ende zu. Roland wird es wie immer egal sein, was geguckt wird, deshalb greife ich vor, nenne ihm drei der noch verbliebenen Filmtitel und füge hinzu, dass es mir zu hundert Prozent egal sei, welchen wir uns ansehen. Wie erwartet, ist es ihm auch völlig egal. Ich spiele mein Argument aus, der erste gewesen zu sein, dem es egal war, und forciere ihn zu einer Entscheidung. Nach ein wenig hilflosem Hin-und-her-Laufen fällt seine Wahl auf »X-Men – Zukunft ist Vergangenheit«. Schade, ich hätte lieber »Willow« gesehen, ein Mittelalter-Abenteuer von 1988, in dem fast nur Kleinwüchsige und Val Kilmer mitspielen.

12.02.2015

Tag 57, Donnerstag

In der Nacht wurde Ferdinand wach, musste zur Toilette, legte sich zurück in sein Bett und bemerkte, dass die Zimmertür nun offenstand und es kalt reinzog. Er kauerte, wollte sich bald überwinden, noch einmal aufzustehen, schaffte es aber nicht – schlief irgendwann wieder ein. Am nächsten Morgen beinah dasselbe: Der erste Blick fiel auf die geöffnete Tür, es zog immer noch, nur war die Müdigkeit aufgebraucht ... und so, nach einer Weile weiteren intensiven Kauerns ... entstieg er schließlich unter der Aufwendung seiner bloßen Willenskraft dem Bett.

Die Versorgung mit verfeuerbaren Holzstücken wird bei uns im Garten in drei Schritten sichergestellt: mit der großen Axt von Liviu das Holz zerhacken, dann das zerhackte Holz in den Schuppen bringen und anrichten, schließlich mit der kleinen Axt, die schon hier rumstand, Anschürstückchen von den Klötzen hauen. Letzteres nervt ein bisschen und ersteres ist recht anstrengend. Die unbeliebteste Aufgabe bei uns beiden ist allerdings die mittlere: das zerhackte Holz aufheben, in eine Kiste legen, in den Schuppen bringen und dort anrichten.

Ferdinand verteidigt den Arbeitsschritt: »Nun ja«, sagt er, »man kann beim Stapeln kreativ sein, versuchen, eine möglichst stabile Mauer hochzuziehen, und daraus etwas Freude schöpfen« – er weiß aber schon während er es ausspricht, dass er sich die unliebsame Aufgabe mit dieser Betrachtungsweise nur schönredet. »Etwas erschaffen«, ergänzt er deshalb, »kann eben nie so viel Befriedigung erbringen, wie etwas mit stumpfer Gewalt zu zerstören. Naturgesetz. Menschengesetz.«

12.2.

Überall klebt Wachs.
Roland hat aus einem A4-Zettel eine schöne Postkarte gebastelt und bemalt. Nun will er diese, damit die Postkartenform gewahrt bleibt, zusammenkleben. Da er im ganzen Haus nichts findet, was klebt, benutzt er Wachs dafür. Ein fataler Fehler, denn Wachs klebt Papier überhaupt nicht zusammen, es macht es nur fettig und transparent. Dafür klebt es ausgezeichnet an Tischen, Händen und Böden. Meine Anmerkung, er hätte doch auch Senf nehmen können, bleibt unkommentiert.

22.02.2015
Tag 67, Sonntag

Tag 58 – 66: **Ferdinand und Roland haben Besuch**

Freitag, 13. Februar. Ferdinand möchte sich 300 Euro von seiner Mutter leihen. Gestern erreichte ihn ihre Antwort: Sie gab zu bedenken, dass er bereits mit 1.800 Euro bei ihr in der Kreide stehe und diese auch mal zurückbezahlen müsse. Außerdem warf sie folgende Frage auf: »Wird das Geld verpulvert?« Ferdinand antwortete wortreich. Jetzt sitzen wir im Sibiuer Shopping Center in der Millionen Bar am automatischen Roulettetisch, wo Ferdinand dem Glück eine Chance gibt, und eine zweite und eine dritte. Der Bildschirm an meinem Platz ist außer Betrieb, was mich berechtigt, einfach nur dazusitzen und hin und wieder an Ferdinands Gratis-Getränk (Wasser) zu nippen. In ein paar Stunden holen wir unsere Freundinnen vom Flughafen ab. Wir sind aufgeregt, angespannt. Ferdinands entsetzliche Flugangst färbt auf mich ab und wird für uns beide langsam zur Angst um das Leben unserer Freundinnen. Was für ein furchtbar nerviger Einfluss. Aber: Was will man dagegen machen?

Wieder auf der Straße latschen wir durch Randgebiete von Sibiu. Ferdinand sagt: »Ein Kaffeeautomat wäre recht.«

»Es gibt keine Kaffeeautomaten auf der offenen Straße«, antworte ich.

Wenige Schritte später sagt Ferdinand: »Wenn ich dich nach einem Eierautomaten gefragt hätte, hättest du wahrscheinlich das Gleiche gesagt« – und zeigt auf einen Eierautomaten.

Tatsächlich steht da direkt am Gehsteig ein Automat, gefüllt mit Eiern, Zehnerpäckchen, ihr Inhalt: rohe Eier. Auf dem Dach des Automaten ist ein großes Plastik-Ei angebracht, darunter steht: »Non Stop«. Zu jeder Tages- und Nachtzeit kannst du dir hier Eier ziehen. Beeindruckend. Allein schon die Vorstellung, dass Menschen das machen: nachts nochmal raus, um sich zehn Eier zu ziehen. Um die Jahreszeit sind die dann wahrscheinlich sogar gefroren. Krass.

Als es Zeit ist, zum Flughafen zu fahren, marschieren wir zurück zum Auto. Auf dem Weg sehen wir einen Kaffeeautomaten, direkt am Gehsteig, gibt es also auch. Ferdinand ist durch und durch Rumäne, er trägt die Kultur in seinem Wesen. Unser Auto funkelt im Sonnenlicht, es ist relativ verdreckt.

»Sieht schon richtig rumänisch aus, die Karre«, meint Ferdinand.

»Sah Zuhause schon rumänisch aus.« sage ich.

Ferdinand lächelt stumm und ohne zu lächeln wie ein echter Rumäne. An einer Tanke fährt er raus. »Wo ist der Tankdeckel?«, fragt er ebenso unvermittelt, wie er sich Antwort gibt: »Wahrscheinlich links«, entsprechend ranfährt, aussteigt und flucht, »zum Verrücktwerden!«

Flughafen Sibiu. Wir nehmen unsere Freundinnen in Empfang. Ferdinand hat sich im Shopping Center ein Duftbäumchen fürs Auto gekauft, Geruchsrichtung: Cola. »Riecht voll nach Kippen hier drin«, sagt Lisa beim Einsteigen. »*No*« entgegnet Ferdinand auf Englisch und in die Länge gezogen, als wäre er ernsthaft enttäuscht, zerrt ein bisschen an der angerissenen Plastikverpackung um das Duftbäumchen, einem Smiley mit Sonnenbrille, und sagt: »Riecht voll geil nach Cola!« Und auf einmal riecht es tatsächlich ein bisschen eklig nach Cola.

13.2.

Heute kommen die Girls!

Es wird früh aufgestanden, damit noch viel Zeit bleibt, sich Sibiu mal richtig anzusehen, denn dort landet um 20:00 Uhr der Flieger. Das Internetcafé kennt man ja schon zur Genüge. Leider springt der Karren schon wieder nicht an. Weil die Lust aufs Anschieben sich heute in Grenzen hält, fragen wir Herrn Liviu, ob er uns Starthilfe geben kann. Er hat leider kein Überbrückungskabel, dafür aber was viel besseres, einen ungefähr 50 Jahre alten Spannungsumwandler, mit dem man wohl die Batterie aufladen kann. Das Ding sieht aus wie ein Rostklumpen und hat leider keinen Steckdosenstecker mehr dran, nur zwei Kabel, die man in eine Kette aus drei Verlängerungskabeln halten muss, damit der Strom aus unserer Wohnung zum Auto gelangen kann, das auf der gegenüberliegenden Straßenseite steht. Jedes Mal, wenn ein Pferdewagen durch will, muss Roland schnell ins Haus rennen, um den Stecker zu ziehen, damit die Pferdchen keinen elektrischen Schlag bekommen, wenn sie über die Kabelleitung galoppieren.

Leider erzeugt das Teil zu wenig Spannung. Nach einer halben Stunde probieren wir es erneut; eine müde und fruchtlose Zündung ist zu hören. Dann warten wir wieder. Nach anderthalb Stunden und mehreren Versuchen brechen wir ab. Verdammter Dreck.

Also rekrutieren wir ganz klassisch ein paar Passanten, das scheiß Auto wird die Straße runtergeschoben und schon läuft es wieder wie geschmiert. Wir drehen eine Runde ums Dorf, fahren Livius Rostklumpen wieder zu ihm nach Hause und brausen nach Sibiu. Frisch geduscht, alle beide, kam auch schon länger nicht mehr vor.

Als wir ankommen, ist es schon recht spät geworden, und so viel Zeit für Sightseeing bleibt gar nicht mehr.

Wir kehren im Pascha King ein, der ersten und einzigen Döner-Bude, die wir bisher gesehen haben. Auf guten Atem bedacht bestellt Roland sein Sandwich ohne Zwiebeln. »Sarut mana pentru masa«, bedankt er sich bei der Imbissbuden-Verkäuferin, was zu einem allgemeinen Schmunzeln führt. Die wörtliche Übersetzung lautet: Ich küsse die Hand für den Tisch.

Es wird noch ein bisschen durch die Gegend gestolpert und ein paar Wohnblocks werden begutachtet.

Vor uns steht ein Eierautomat. Ein Automat, an dem man Zehnerpackungen Eier ziehen kann. Verrückt, ob es auch einen Mehl- oder Kartoffelautomat gibt?

Da Roland stets zur Eile gemahnt hat, stehen wir eine Stunde zu früh am Flughafen. Macht nichts, so bleibt mehr Zeit für ihn, nervös auf und ab und fünfmal aufs Klo zu gehen. Als man die Mädchen schon hinter der Absperrung sehen kann, fängt Roland an mit den Armen zu rudern und immer einen Schritt vor und wieder zurück zu machen.

Nach einer tränenreichen Begrüßung, vielen Küssen und einer nicht enden wollenden Umarmung sitzt man wieder im Auto, auf dem Weg nach Hause, dieses Mal zu viert.

Samstag, 14. Februar. Zur Mittagszeit ereignet sich ein besonderer Vorfall. Ein Typ steht am Tor und ruft »Buna! Buna!« Er hält einen Topf in der einen und eine Schüssel in der anderen Hand, er will sie veräußern, als ich abwinke, ruft er »baterie maşină!«. Er hält sie in keiner Hand, hat aber anscheinend eine Autobatterie im Angebot. Ferdinand und Lisa – die Besitzer unseres Fahrzeugs – sind nicht da, ich winke abermals ab. Das gestrige Anbekommen war besonders langwierig und sorgte wohl für gesteigerte Aufmerksamkeit gegenüber unserer Problematik. Zuerst war mithilfe von Liviu und Livius Ladebatterie versucht worden, unsere Batterie am Strom aufzuladen. Zwecks Verlängerung haben wir zwei Kabelenden am Deckel unserer neuen Mülltonne fixiert, offene Drähte auf der einen und eine etwas befremdliche Steckvorrichtung auf der anderen Seite. Die neue Mülltonne kommt übrigens aus Heilbronn, verschiedene Aufkleber geben ihre Herkunft preis. Aber egal – tut nichts zur Sache. Die neue Stromleitung verlief aus unserem Haus über die Straße zum Auto. Die Leute zeigten nur geringes Vertrauen in unsere Konstruktion. Jedes Mal, wenn jemand mit seinem Pferdewagen drüber weg wollte, mussten wir sie vom Strom nehmen. Die Ladebatterie surrte schwächlich vor sich hin, ein Vorkriegsmodell wahrscheinlich, der ganze Vorgang war vergebens. Nach einer Dreiviertelstunde wurde endlich wieder angeschoben.

Auf unserem Weg zum Flughafen sahen wir es vor uns: das gemeinsame Anschieben mit den Mädchen – eine fast schon schöne Vorstellung. Ferdinand sah es, ich ebenso. Und nun, schon einen Tag später, will es sich ereignen: Am Nachmittag ist unserem Besuch nach Flanieren, durch Mediaş wollen die Damen ihre Schritte setzen, das ist uns recht, so soll es sein, das wird ein feiner Ausflug, doch natürlich benötigen wir dazu das Auto, und – es springt einfach so an!

Sonntag, 15. Februar. Ausflug mit dem Pferdewagen. Alma Vii – Metiş – Alma Vii. Das Pferd muss schlimm schnaufen; die beiden Boys, die den Wagen lenken, waren am Vorabend in der Disco von Moşna und setzen das Pferd, sich selbst und uns waghalsigen Manövern aus. Metiş ist ein unheilvolles Loch. Die beiden Stop-Schilder wirken noch absurder als bei unserer Wanderung.

15.2.

Meta und Roland bilden »die kleine Karawane«.

Das heißt, Roland hat seine räumliche Präsenz ganz an die von Meta gekoppelt, und wenn sie aufsteht, um nach dem Ofen zu sehen oder sonst was zu tun, kann er nicht umhin, ihr nachzugehen. Zu seiner Verteidigung muss eingeräumt werden, dass es sich umgekehrt kaum anders verhält, und so tippeln sie immer gemeinsam durch die Wohnung.

In Metas Gepäck sind Kontaktlinsen und eine Brille für Roland. Es ist eine moderne Brille mit einem dicken schwarzen Rahmen. Gar nicht aufsetzen mag er das Ding, so genant ist er. Aber nach etwas Überredung macht er es dann doch, für zehn Sekunden. »Wie der Sparkassen-Werbung-Arsch von Pro7 sehe ich aus.«

An einen Roland mit Brille wird man sich wohl nicht gewöhnen müssen, denn er wird sich für die Linsen entscheiden. Naja, jedenfalls kann man ihn jetzt vielleicht auch wieder ans Steuer lassen, zumindest tagsüber.

Montag, 16. Februar. Ferdinands Tonstudio ist unter anderem das deutsche Partnerunternehmen der Firma Soulwaves, die ihren Sitz in Spanien hat. Das Komplettpaket von Soulwaves besteht aus einem Song zum Selbersingen, zugeschnitten auf dein persönliches Anliegen. Zum Beispiel: Du willst einen Heiratsantrag unterbreiten, in Form eines Liedes. Folgendermaßen ist die Vorgehensweise: Zuerst wendest du dich an Soulwaves, erzählst dem Typ, dem Betreiber, deine Geschichte, wovon der Song handeln soll und so weiter, dann bekommst du Text samt Musik geschrieben, eingespielt und eingesungen von eben jenem. Und um den Song noch persönlicher zu machen, musst du schließlich nur noch zu Ferdinand und den Text selbst nochmal einsingen. Fertig.

An diesem Sonntagnachmittag sitzen wir zu viert da und lauschen den Produktionen der vergangenen zwei Jahre. Einer Frau, die zusammen mit ihren Eltern der kölschen Karnevals-Rock-Truppe

Brings mit einem Tribut-Song huldigt. »Wir sind die Fans von unseren Brings, weil halt die Musik einfach stimmt!« Einem Typ, laut Ferdinand nicht mehr der jüngste Knabe, der seiner Freundin mit einem Liebeslied den Antrag macht und uns textlich durch die Höhen und Tiefen der Beziehung führt, angefangen vom Kennenlernen im Chat, und auch den mutmaßlich brenzligsten Moment der beiden nicht ausspart: »Doch beinah hätt ich's noch verbockt, per SMS uns ausgeknockt.« Mehr erfährt man nicht, aber man kann es sich vorstellen. Wir hören eine Frau, die ihrem Mann nach 30 Jahren Ehe mitteilt, keinen Tag bereut zu haben; mittels einer umgetexteten Version von Andru Donalds' »Mishale«, und so unfassbar schief gesungen, dass es einem die Socken rückwärts auszieht. Überhaupt berühren die Vorträge doppelt, indem sie einem auf bizarre Art ans Herz gehen, während das Hirn zuckt und krampft.

Dass Ferdinand all diesen Menschen persönlich begegnet ist, dass die Stimmen, die wir hören, bei ihm – in seinem Studio – festgehalten wurden, vermittelt uns dreien ein seltsames Gefühl, vielleicht sogar ihm selbst, es lässt sich nicht mit Sicherheit sagen, er liegt nur da und lauscht, wie wir, und lässt sich nichts anmerken.

17.2.

Da Rolands Freundin nachts immer viele Dokus sehen will, verlagert sich sein Tag/Nacht-Rhythmus stark nach hinten und selten sieht man die beiden vor 15:00 Uhr ihr Zimmer verlassen. Roland stört das aber nicht, ganz im Gegenteil. Sein Blick ist glückselig, sein Lächeln leicht debil. Wenn er Meta so oft wie möglich lange in die Augen sieht, kann man die Liebe richtig wabern fühlen.

Was man unternehmen, welchen Film man sich ansehen oder was man kochen könnte, ist von »egal« in »völlig bedeutungslos« gerutscht. Mein Lieblings-Move der beiden ist das Sich-gegenseitig-sanft-über-den Oberarm-Streichen, das machen sie so durchschnittlich alle zwei bis drei Minuten. Meistens folgt darauf eine Umarmung, manchmal auch ein paar Küsse.

Dienstag, 17. Februar. Ferdinand spukte in einem Traum von Meta. In dem Traum war er ihr Vorgesetzter in einer Erbsenfabrik. Die Angestellten dort identifizierten sich aufs Äußerste mit ihrem Beruf, während Meta unter der eintönigen Tätigkeit litt. Dann war monatliche oder wöchentliche Abrechnung und sie musste dazu wie üblich persönlich bei Ferdinand vorstellig werden. Ferdinand schaute prüfend in seine Unterlagen, die Arbeitspläne oder etwas ähnliches, und sagte: »Puh ... das weiß ich aber nicht, ob du *da* anwesend warst ... oder *da* ...« Die Unterstellung der Abwesenheit vom Dienst, einhergehend mit der mangelnden Bereitschaft, ihr den vollständigen Lohn auszubezahlen, regten sie so furchtbar auf, dass sie ein Erbsenglas packte und auf den Boden schmiss – ein Glas, weil die Firma ausdrücklich keine Konserven herstellte. Als es nicht zerbrach, warf sie noch aufgebrachter ein zweites hinterher – das zerbrach aber auch nicht, und damit endete der Traum.

»Voll gemein, so von jemandem zu träumen – ich schäme mich«, sagt Meta, wir liegen dabei noch im Bett, während Ferdinand und Lisa von draußen herein den Zwischenraum betreten, Lisa klagend und Ferdinand beschwichtigend. »Aua, aua«, klagt Lisa, »das blutet voll!«, und Ferdinand darauf: »Man könnte es wahrscheinlich nähen, aber nötig ist es nicht.« Nach etwas Stille, aufmunternd, mit Witzstimme: »Diagnose: Dicke Lippe«. Lisa ist mit dem Gesicht auf den Boden gefallen, mit dem Gesicht voraus, so unerwartet und rasch war sie ausgerutscht. Die restliche Besuchszeit über ist ihr tatsächlich eine schmerzende, dicke Lippe beschieden.

Ferdinand wird heute außerdem 33 Jahre alt – »jährig«, nach Hobbit-Maßstäben, das bedeutet »mündig«. Hobbits mag Ferdinand allerdings gar nicht so gern, selber wäre er lieber ein Elf.

18.2.

Meta hat die CD-Rom-Beilage einer »PC Spiel«-Ausgabe von 1996 dabei. Nach anfänglichen Problemen und dem Installieren von DOS-Box, einem MS-DOS-Emulator, läuft das Spiel ihrer Begierde auf Rolands hochmodernem Windows-XP-Laptop und wir können 4Tris, eine Tetris-Variation, zu viert spielen. So begeistert und unermüdlich ist Meta, dass selbst Roland nach ein paar Stunden verhalten darauf hinweist, dass man gar nicht unbedingt noch ewig weiterspielen müsse, er es aber selbstverständlich würde. Meta denkt über die Gründung eines 4Tris-Clans nach: »Eine 4Tris-Liga, online, mit Vier-gegen-vier-Matches.« Sie ist aber auch gut im 4Tris, und falls wir einen Clan gründen würden und man 4Tris online spielen könnte, würde es sicher nicht lange dauern, bis sie uns allesamt gegen bessere Spieler ersetzen müsste. Der Programmierer des Spiels heißt Boris Sachsenberg. Sein Name und seine Adresse sind in den Credits der CD-Rom hinterlegt. Es wird darüber diskutiert, ihm zu schreiben. Lob soll er erhalten, aber auch Verbesserungsvorschläge. Wie der sich umschauen wird, wenn er nach so vielen Jahren wegen diesem etwas schrottigen und nicht wenig verbugten Spiel Post bekommen wird. Wahrscheinlich, so wird vermutet, ist die hinterlegte Adresse die von seinen Eltern. Ob er da noch wohnt? Nicht ganz unwahrscheinlich.

Mittwoch, 18. Februar. Einkaufen im Lidl und im Penny Markt, der hier Penny Market heißt, mit zusätzlichem »e«. Das Auto sprang schon wieder an.

19.2.

Heute ist Schlammmarkt in Mediaș. Der Flohmarkt hat seinen Namen von uns zu Recht bekommen, denn die fußballfeldgroße Fläche, auf der die Menschen ihre Waren oder ihren Müll anpreisen, besteht ausschließlich aus Matsch. Nach einer halben Stunde ist man selber von Kopf bis Fuß mit Schlamm überzogen. Die letzten Male, an denen wir auf dem Schlammmarkt waren, hat Roland immer nasse Schallplatten gekauft. Einmal ist er abgezockt worden und hat zu viel bezahlt, einmal hat er welche geschenkt bekommen, weil der Verkäufer zu faul war, in seiner Tasche nach Wechselgeld zu kramen. Gott sei Dank haben wir keinen Plattenspieler, so bleibt es an Roland, sich zu Hause in Deutschland all diese herrlichen Platten, meist rumänische oder ungarische Musikerzeugnisse aus den 1980er-Jahren, anzuhören. Mir reicht es schon, wenn er mir dann von seinen Hörerlebnissen berichtet.

Da Meta ein bisschen nerdy ist und zu Hause gerne alte Computer anhäuft, spendiert ihr Roland einen zehn Jahre alten Laptop. Stark: mit Windows 2000 als Betriebssystem. Leider haben sie vergessen, sich das Netzteil mitgeben zu lassen, und als sie den Verkäufer erneut aufsuchen, um selbiges einzufordern, verlangt dieser nochmal einen Betrag, der fast so hoch ist wie der für den Laptop. Er weiß, er sitzt am längeren Hebel. Niemand bezweifelt, dass der Computer kaputt sein wird, so schlammig wie das Teil aussieht. »Was soll's«, sagt Roland gönnerhaft. »Man ist nicht alle Tage am Schlammmarkt in Mediaş, und was wäre ich denn für einer, wenn ich meiner Freundin nicht einen alten Laptop mit Netzteil spendieren würde.«

Alles in allem hat Roland umgerechnet zehn Euro dafür bezahlt. (Selbstverständlich stellte sich später heraus, dass der Computer schon längst hinüber war.)

Donnerstag, 19. Februar. Schlammmarktbesuch zu viert – und hol's der Teufel: Die Karre springt an, einfach so, einmal, zweimal, dreimal!

Auf dem Schlammmarkt kauft sich Ferdinand diesmal wieder ein Kabel. »AV-Switch«, erklärt er. »Mit einem Ausgang für den Nintendo und einem zweiten für die Antenne.« Außerdem hadert er schlimm mit der Anschaffung eines Philips CD-i-Players, einem Vorläufer des DVD-Players, der auch eine Spielkonsole war, sich aber nicht durchsetzen konnte. Unentwegt spricht Ferdinand das Für und Wider mit sich durch, entscheidet sich aber schließlich

Dank dieser schicken Einkaufsboutique in der Mediaşer Innenstadt können sich die ortsansässigen Dicken endlich würdevoll kleiden.

gegen den Kauf. Zum Schluss überwog einfach die Sorge, das Teil könne noch funktionieren. Wäre dem nämlich so, müsse er zu Hause anfangen, sich Spiele dafür anzuschaffen, und vielleicht sogar Filme, allein des Formats wegen – und wie überflüssig wäre das? Drum: lieber die Hände weg davon!

Weil es noch so früh am Morgen ist, ist der ganze Schlamm noch gefroren. Erst als wir schon fast durch sind, fängt der Boden an, gewohnt weich und matschig zu werden.

Freitag, 20. Februar. »Scheiße«, sagt Ferdinand, »schon wieder vergessen, den Müll rauszustellen.«

Wenn freitags die Müllabfuhr nach Alma Vii kommt, ist auf der Straße was los. Alle wollen sehen, wie die Müllboys den Müll in ihren Müllwagen packen, oder zumindest *dass* sie ihn da reinpacken. Für gewöhnlich rauschen die Burschen zum späten Vormittag durchs Dorf, scherzen miteinander, sind recht ausgelassen und übersehen gern die ein oder andere Tonne. »Na, macht nichts«, sagt Ferdinand, »dafür sind sie gnädig, nehmen auch mal ein paar Beutel zusätzlich mit, müssen sie ja, können ja nie wissen, ob der Fehler bei den Leuten liegt oder ob sich's um Selbstverschulden handelt.«

Am Abend nehmen wir ein letztes gemeinsames Mahl ein. Morgen müssen die Mädchen schon wieder zurück. Ferdinand weist seine Freundin darauf hin, dass sie schon wieder mit dem Autoschlüssel isst. »Schon wieder«, lacht sie. Der Autogabel wurden dank Lisa die Woche über große Ehren zuteil. Immer wieder wurde sie gespült, herumgetragen, durfte in die Schublade zum anderen Besteck und natürlich wurde mit ihr gegessen – das gefiel der Gabel wahrscheinlich am besten. Aber nun, morgen ist Abreise. Hoffentlich springt wenigstens einmal die scheiß Karre nicht an.

21.2.

Wir sitzen zu viert im Auto. Es geht wieder nach Sibiu zum Flughafen, denn der Besuch der lieben Freundinnen geht heute zu Ende. Meta und Roland sitzen hinten und nutzen die Stunde Fahrzeit, um schon mal die Verabschiedungszeremonie einzuleiten. In Sibiu stellt sich heraus, dass die Döner-Bude gar nicht Pascha King, sondern Kebab King heißt. Schade eigentlich.

Es bleiben noch ein paar Stunden Zeit, bis der Flieger geht. Meta möchte diese nutzen, um das berühmte Brukenthal-Museum zu besuchen. Und als Bildungsbürger, die wir sind, ist es uns eine Freude, sie zu begleiten. Der erste Raum ist verdunkelt, damit die Ölgemälde nicht vom Sonnenlicht angegriffen werden. Sie sind in viereckige Kästen eingerahmt und beleuchtet. Roland fühlt sich sofort an eine Münzspiel-Bude erinnert. Der Besuch einer solchen wäre bestimmt auch keine schlechte Abschiedsunternehmung gewesen. Irgendwann geht das Licht an und wir werden von einer weiblichen Aufsichtsperson ausgeschimpft, dass unsere Schuhe vom Schlammmarkt noch völlig verdreckt seien und wir damit den kompletten Museumsboden einsauen würden. »Das hier ist ein Museum, da zieht man sich saubere Schuhe an«, weiß die Aufsichtsperson uns zu belehren.

Im Anschluss wird noch die Postkarte an Boris Sachsenberg eingeworfen.

Am Flughafen dann ist es für ein paar Mitarbeiter noch lustig geworden, denn nach einer ewigen Umarmung winkt Roland seiner Freundin, die dabei ist, den Check-in zu passieren, noch so lange hinterher, bis sie nicht mehr zu sehen ist. Er wirft Luftküsse, er rudert mit den Armen, er läuft vor und zurück, hin und her und sieht dabei aus wie ein liebestoller Narr.

Über den kompletten Besuch seiner Freundin hat Roland fast nichts getrunken. Auf unserem etwas traurigen Heimweg kauft er sich noch zwei Flaschen Wein. Allem Anschein nach ist die Sauna-Saison wieder eröffnet.

Samstag, 21. Februar. Tadellos springt die Karre an. »So ein hinterfotziges Miststück«, schimpft Ferdinand. Kein gemeinsames Anschieben mit den Freundinnen, eigentlich schade. Aber gut, sei's drum.

Am Flughafen wird sich dermaßen lieb gedrückt und so toll gewinkt, dass bald selbst den Schalterleuten ein paar Tränchen im Gesicht stehen. Ferdinand nimmt, um damit zu winken, sein Mützchen ab, rümpft erschrocken die Nase, aber der Geruch verfliegt gleich wieder, und bald sehen wir unsere Freundinnen nicht mehr.

Zuhause sitzen wir bis zur Landezeit der beiden Liebsten gemeinsam nervös im Zwischenraum. »Hoffentlich weitet sich diese Art der Flugangst nicht noch aus«, sagt Ferdinand. »Auf Freunde ... oder entfernte Bekannte ... Plötzlich habe ich keine ruhige Minute mehr, weil ständig irgendwer irgendwohin fliegt! Nicht auszudenken.«

22.2.

Wie verabredet werde ich von Roland um neun Uhr geweckt. Um zehn trifft man sich auf Kaffee, Brot und Zigaretten im Durchgangszimmer. Roland berichtet von seinem Traum, der sich wie folgt abgespielt hat:

Morde oder Unfälle und die damit einhergehenden Leichen-Entsorgungen spielen sowohl in Rolands als auch in meiner Traumfantasie eine immer wiederkehrende Rolle. Meistens sind diese Träume schlimm und mit großer Schuld, Scham und der Angst vor Entdeckung behaftet.

Nicht so aber in diesem Traum. Jemand ist zu Tode gekommen, aber niemand trägt die Schuld. Man muss ihn halt einfach begraben, und damit wäre die Sache gut. Ich bestehe allerdings darauf, dass die Leiche, die übrigens wie Bill Murray aussieht, gewaschen wird. Anfangs regt sich Widerstand in der kleinen Gruppe, weil niemand so recht Lust drauf hat (wer noch alles mit dabei war, ist nicht überliefert), aber dank meiner Überzeugungskraft sind sich alle bald einig, dass nur ein sauberer Leichnam in einen Sarg hineingelegt werden kann.

Szenenwechsel: Hallenbad.

Roland ist alleine und spielt dort auf irgendeiner Anlage den Rock-Tape-Sampler »Best of the Best« ab. (Im Supermarkt haben wir uns für zwei Lei, umgerechnet 50 Cent, eine Mixkassette gekauft, mit furchtbar schlechtem 1970er-Jahre-Rock.»Best of the Best« steht drauf. Wir hatten aus gutem Grund, bis auf eine Ausnahme, noch von keiner auf diesem Sampler vertretenen Bands je was gehört. Mid-Tempo-Groove-Rock zum Wegdämmern. Ein Lied lahmer als das andere ... Und eben genau diese Kassette spielt er dort, in diesem Bad, ab). Auf einmal kommt aber ein Song von dem Green-Day-Album »Dookie«. Das Lied ist in Wirklichkeit gar nicht auf diesem Sampler vertreten, und plötzlich steht da Julian, Bassist der Pop/Rock-Band Die Nerven. Roland ist es furchtbar peinlich, denn Julian lacht ihn aus, weil er so blöden Sound hört. Julian hat einen Kumpel dabei; einen ungefähr acht Jahre alten Jungen mit einer dicken Brille, Typ nerviger Streber, mit Namen Pfarrerssohn Schönberger. Die Sache mit der Musik hat Roland eh nur gemacht, um die Waschung ein bisschen hinauszuzögern. Wie dem auch sei, irgendwann sind wieder alle da und die Leiche wird auf einer Luftmatratze aufgebahrt und gewaschen. Alle sind mit im Wasser. Der Leichnam wirkt seltsam zusammengefaltet. Julian und Pfarrerssohn Schönberger kommen immer mal wieder kurz vorbei und Julian macht coole Gesten und sagt dann nur so einzelne Wörter wie »Enjoy« oder »Internet«. Roland ist total genervt, da die ganze Zeit so ein kleines Tierchen herumhüpft; »ein Marder oder Biber oder so«. Jedenfalls muss er es immer wieder einfangen und raustragen, doch das Tierchen ist schlau und findet immer wieder aufs Neue einen Weg herein.

Dann ist der Traum zu Ende.

Eine Verfilmung wäre spitze. Ich bin jetzt schon Fan vom Pfarrerssohn Schönberger.

23.02.2015
Tag 68, Montag

In Alma Vii ist seit heute Frühling, es kräht und miaut von fern und nah, und die Fliegen, die seit über zwei Monaten tot auf der Fensterbank liegen, leben plötzlich wieder.

»Ich habe früher viele Fliegen getötet und wieder auferstehen lassen«, sagt Ferdinand. »Ich verrate dir auch, wie ich das gemacht habe: Ich habe sie in ein Glas mit Wasser getan und gewartet, zehn Minuten oder so, bis sie ertrunken waren. Dann habe ich sie rausgenommen und Salz auf sie draufgeschüttet. Und dann hat es ein bisschen gedauert und sie haben wieder gelebt und sind davongeflogen.«

»Hm«, sage ich, »klingt nach einer von diesen Geschichten.«

»Nein, ehrlich, ich schwöre es dir, ich kann es dir sogar vorführen, das funktioniert bestimmt immer noch.«

Meistens merke ich es, wenn Ferdinand etwas erfindet. Diesmal kann ich es nicht sicher sagen. Ich wusste auch nicht, dass Fliegen Winterschlaf halten.

»Wenn die Fliegen nachher wieder leben«, sage ich, »waren sie aber nicht tot, sondern, weiß nicht, irgendwas anderes.«

»Doch, doch«, meint Ferdinand. »Das Salz zieht die Essenz der Seele aus dem Äther zurück.«

Am Abend gibt es ein übersichtliches Gericht: Knoblauch-Spaghetti. Auf der Speisekarte heißt das Gericht: Spaghetti aglio e olio. Manche Menschen essen überhaupt niemals Gerichte, die keinen Namen haben. Wir hingegen essen selten welche, die einen haben. Normalerweise kippen wir dreierlei Konservengemüse ineinander, geben je nach Vorrat etwas Nudeln, Gnocchi und/oder Sojaschnipsel bei und verpampen das Ganze mit Milch und Gewürzen. Ironischerweise hat sich zwischenzeitlich ein Begriff für dieses Essen etabliert, die Kreation trägt den Namen »Heißer Eimer«. Ironisch genannt sei dieser Umstand, weil dies ja bedeutet, dass nun auch wir zu den Leuten gehören, die kaum jemals ein Gericht essen, das keinen Namen trägt.

Na, jedenfalls sitzen wir beisammen bei unserem übersichtlichen Mahl und Ferdinand streut sich amtlich Salz auf seinen Nudelhaufen – bis die verklebten Kristalle dick und klumpig im Schein des Lampenlichts schimmern. Staunend betrachte ich das viele Salz, und plötzlich beginnt anscheinend auch Ferdinand, ein bisschen über die beachtliche Menge zu staunen. »Sieht aus wie Parmesan«, sagt er, »was meinst du? Würdest du sagen, das Salz ist der Parmesan der Veganer?«

Der große Bruch
von Ferdinand Führer & Roland van Oystern

Die Stubenfliege Mäck, die Stechmücke Schnok und die Schmeißfliege Schmätzmäck saßen wie jeden Tag auf dem Rücken vom Rindvieh herum.

»Heute treiben wir's noch bunt!«, rief die Stubenfliege Mäck.

»Ja ja, genau«, stimmte Schnok, die Stechmücke, mit ein.

»He he«, sagte die Schmeißfliege Schmätzmäck und leckte sich mit ihrem Rüssel ein bisschen Honig vom Bein.

»Mein armer, armer Rücken, meine schöne Haut — ganz dahin sind sie«, klagte das Rindvieh. »Seht ihr diese taubeneigroße Schwellung? Das war die Rinderbissfliege, die gemeine!«

»'nen gewaltigen Bruch gibt das, heute Nacht, ich hab alles ausbaldowert«, sprach Mäck. »Beim Schinkenbauern Liviu hängt der dickste Schinken der Saison!«

»Ich will 'ne Bank überfallen!«, rief Schnok. »Und irgendjemanden totschießen dabei! Peng, peng! Hä hä!«

»Oder ein Reisebüro! Ich will ein Reisebüro überfallen! Mit dem Geld kauf ich mir Zigaretten oder 'ne Schiffswerft in Acapulco!«

»Schnauze, Schmätzmäck! Ich sag euch, wie die Sache läuft! Wir steigen ein beim alten Liviu, die Räucherkammer ist mit drei Drähten gesichert! Wir müssen leise sein, dass der Hund nicht aufwacht!«

»Drecksköter!«, rief Schnok. »Wenn der bellt, weckt er den Bauern Liviu, der kommt dann raus und haut uns platt!«

»Ihr seid immer so fröhlich«, sagte das Rindvieh, »wie ihr da auf mir sitzt und lustig redet. Aber von meinen Sorgen wisst ihr nichts. Die Schwellungen platzen doch auf und hinterlassen Löcher in der Haut, die ist dann minderwertig und keiner will sie mehr haben, um eine schöne Tasche daraus zu nähen. Mit so einer Tasche will keine Bauersfrau aufs Kirchweihfest gehen, noch nicht einmal eine Magd. Für die Drähte an der Räucherkammer benötigt ihr einen Schweißbrenner.«

»Mit Drähten kenn ich mich aus! Die hau ich durch! Mit einem Karateschlag! Wie im Fernsehen!«

»Sehr gut, Schnok!«, rief Mäck. »Wir kümmern uns drin um die Drähte und Schmätzmäck steht so lang Schmiere. Hörst du, Schmätzmäck?«

»Selbst wenn ihr da reinkommt«, sagte das Rindvieh, »wie wollt ihr die Schinken da rausholen? So eine Schweinehälfte wiegt meinen Berechnungen nach hundert Kilo! Und selbst wenn ihr sie da rausbekommt, wo wollt ihr sie verstecken? Ach, wenn ich mich nur besser bewegen könnte, würde ich die gemeine Rinderbissfliege vertreiben, davonscheuchen würde ich sie, richtig Angst machen würde ich der!«

»Wird 'ne große Nummer, die Sache!«, sagte Mäck. »Nicht immer nur den scheiß Honig stibitzen beim faulen Dragoslav, der die Gläser nie zuschraubt, wird mir langsam peinlich, die Hummeln lachen schon über uns, die halten sich wohl für eine ganz ausgekochte Ganovenbande, die halten sich für Al Capone! Aber ab morgen lacht niemand mehr! Stimmt's, Jungs?«

»Stimmt exakt!«, rief Schnok.

»Hä, was?«, fragte Schmätzmäck. »Tut mir leid, war eben ganz in Gedanken ... muss nachher noch meiner Mutter im Garten helfen ...«

»Reiß dich zusammen, Mann!«, zischte Schnok. »Wenn man ein Ding dreht, muss man bei der Sache sein! Und wenn du jetzt nochmal einpennst, hau ich dir auf den Kopf, du Rindvieh!«

»Ich muss doch sehr bitten!«, beschwerte sich das Rindvieh, »da hat man es schon so schwer und dann muss man noch für Witze herhalten. Den ganzen Tag stehe ich hier rum. Schaut euch meine Beine an, immerzu müssen sie diesen riesigen, schweren Fleischleib stützen, damit er nicht am Boden schleift. Überhaupt, was ist das? So fett und unbeweglich immer nur rumstehen. Ein Pferd zum Beispiel, sieht fast genauso aus wie ich, kann aber springen und rennen und allerhand Dinge erledigen. Vielleicht könnt ihr die Rinderbissfliege für mich kaltmachen?«

»So, so … Auftragsmord …«, überlegte Mäck. »Das wird natürlich nicht ganz billig. Was hast du uns anzubieten?«

»Geld«, sagte das Rindvieh. »Ich hab was gespart. Zweitausend jetzt und zweitausend, wenn der Job erledigt ist. Und ihr könnt den ganzen Sommer umsonst auf mir sitzen und an euren Plänen arbeiten.«

»Apropos Plan!«, rief Mäck. »Mir ist eben eine Spitzenidee gekommen! Am Dorfbrunnen liegt ein toter Hund, auf dem können wir herumtrampeln!«

»Super Einfall, Chef! Auf Stechmücke Schnok kannst du zählen!«

»Hurra!«, jauchzte Schmätzmäck und klatschte mit den Vorderbeinchen.

Roland kann sich an den Wundern der Natur gar
nicht satt sehen.

23.2.

Der Frühling legt sich über Alma Vii. Man kann es richtig fühlen. Es
määäht, es muuuht und es kikerikieeet von überall her. Die Fliegen,
die seit zwei Monaten tot auf der Fensterbank lagen, fangen plötzlich
an zu leben. Es ist der bis jetzt wärmste Tag und der erste unseres Aufenthalts, an dem Roland vor mir auf den Beinen ist. Obwohl es gestern Nacht noch hoch hergegangen sein muss in der Alkoholsauna,
denn auf Boden, Bett und Nachtkästchen befinden sich hässliche Rot-
weinflecken, die Roland mit Hilfe von Wasser und Salz wegzuputzen
versucht.

Der Text für das Abschiedskonzert-Poster wurde verfasst und lautet folgendermaßen:

»Roland & Ferdinand, die momentanen Bewohner von 104, fahren am 9ten März wieder nach Hause.
Zum Abschied geben sie ein Konzert und alle sind eingeladen. Es gibt ein halbstündiges Gitarrenkonzert, gratis Bier, Wein und Limo.
Beginn 19:00 Uhr im Căminul Cultural.«

Schön, klingt wie eine krass debile Kinderveranstaltung. Jetzt muss Andrea uns das Ganze nur noch ins Rumänische übersetzen. Am Abend dieses schönen Tages wird noch ein Spaziergang gemacht, mit Abstecher zum kleinen Dorfladen, denn Roland braucht Bier. Anscheinend plant er einen nächtlichen Aufguss.

24.2.

Es ist zehn, Roland liegt noch im Bett, als mir Maria eine absurde Nachricht übermittelt: Wir haben morgen um 8:30 Uhr einen Termin, und zwar bei niemand geringerem als beim Bürgermeister von Moşna. Er möchte mit uns über das Konzert sprechen. Als Van Oystern wach wird, erzähle ich ihm die freudige Nachricht. Er brummelt verschlafen irgendwas vor sich hin und sagt, mehr zu sich selbst, dass er wohl dann heute noch duschen müsse.

Andrea hat den Flyer zwischenzeitlich übersetzt, meinte allerdings, dass sie das mit dem gratis Bier nicht ganz so offensichtlich draufschreiben würde.

24.02.2015
Tag 69, Dienstag

Am Sonntag, dem 1. März, beginnt in Alma Vii der Frühling offiziell. Ferdinand wird sich ein Hemd anziehen und ich werde genau dasselbe tun. Und dann gehen wir rüber ins Allgemeine Zentrum und geben den Dorfbewohnern ein Konzert. Morgen um 9 Uhr haben wir einen Termin beim Bürgermeister von Moşna, um die

Einzelheiten zu besprechen. Die Kunde von dem Termin wurde uns heute Mittag von Maria und Liviu zugetragen. Ferdinand nahm sie entgegen. Folgendes schrieb Maria in sein grünes Notizbuch:

Primarul

Moşna

Ora 9

»Das Konzert!«, stellte Ferdinand mir gegenüber später fest. »Vom Bürgermeister von Moşna sofort zur Chefsache erhoben worden. Sehr gut!«

Für Ferdinand war heute nicht nur wegen des plötzlich anstehenden Bürgermeister-Termins ein großer Tag. In dem Mega-Drive-Spiel »Landstalker«, an dem er schon den ganzen Monat spielt, trat er in Heilschuhen dem Endgegner gegenüber. Die Schuhe besitzt er schon länger, erwähnte sie bisher bloß nie. In den Schuhen zu gehen beschert dem verwundeten Helden Heilung. Vor dem Aufeinandertreffen manövrierte Ferdinand seine Figur einen einsamen Gang hoch und runter, eine Viertelstunde lang drückte er am Steuerkreuz in die eine Richtung und wieder in die andere Richtung, dann fühlte er sich gewappnet, trat dem Endgegner gegenüber und – besiegte ihn.

Des Nachts plötzlich eine unerwartete Situation:
»Nach dem Eimer kommt der Durst«, sagt Ferdinand. »Eimerdurst.« Um Mitternacht fühlen wir uns furchtbar durstig, die Getränke sind uns ausgegangen. Und das Brunnenwasser aus der Leitung soll man ja nicht einfach so trinken, sagt Ferdinand. Er kocht uns Tee und stellt ihn raus zum Abkühlen. Inzwischen ist es nachts schon so frühlingshaft warm, dass der Tee gar nicht kalt werden will. Gegen eins hocken wir da und versuchen, mit dem beinahe noch heißen Tee unseren garstigen Durst zu stillen. Wir fühlen uns schon gar nicht mehr ganz gut, beschließen, bald zu Bett zu gehen und zu schlafen. Was für ein Malheur. Und das ausgerechnet in der Nacht vor unserem Bürgermeister-Termin.

Das Auto will uns zeigen, wer das Auto ist. Ernsthaft: Es springt nicht an. Es klingt dabei nicht ganz so scheiße wie sonst – eben so, als könne es eigentlich und wolle bloß nicht. Darum versuchen wir es zu zweit, mit Anschieben – was sonst? Der Bürgermeister wartet, beziehungsweise soll nicht warten müssen. Die Straße ist recht trocken, wir bekommen schnell ein gutes Tempo zusammen, ich schiebe von hinten, Ferdinand springt rein, lässt es an und – halleluja: Es läuft!

Der Bürgermeister von Moşna heißt Eugen Roba und empfängt uns herzlich lächelnd in seiner Amtsstube. Er fragt, wie uns die hiesigen Mädchen gefallen. »Frumos«, sagt Ferdinand, und »bun«, lügt er weiter. Der Bürgermeister ist zufrieden. Er versichert uns, dass es mit dem Konzert keine Probleme geben wird. »No problem«, sagt er auf Englisch und tätigt sogleich einige Anrufe. Als er damit fertig ist, zeigt er auf eine Tafel, darauf steht neben einer rumänischen Flagge Moşna und neben einer deutschen Ilsfeld. Moşna und Ilsfeld sind Partnerstädte, erfahren wir. Ilsfeld liegt in der Nähe von Heilbronn, das erklärt wahrscheinlich die Herkunft unserer Mülltonne.

Der Bürgermeister muss direkt im Anschluss an unser Treffen nach Sibiu, er reicht uns zum Abschied beide Hände. Beim Verlassen der Regierungsstube drehen wir uns noch einmal nach ihm um und winken, und er winkt zurück. Der Sekretär erklärt uns, wie es weitergeht. Zuerst fährt er jetzt nach Mediaş, sein Auto auftanken, dann kommt er nach Alma Vii, da suchen wir dann gemeinsam den Typ mit dem Schlüssel fürs Zentrum auf. Unser Treffpunkt ist in 45 Minuten bei Maria und Liviu.

Wir hocken bei Maria, warten und warten und bekommen feinen Zwiebelkuchen aufgetischt. Zwischenzeitlich holen zwei Mitarbeiterinnen der Mihai-Eminescu-Stiftung drei Bleche von Marias feiner Backware ab, für die sie extra aus Sighişoara hergekommen sind. Der Sekretär lässt auf sich warten. Zeit vertändeln, wenn's der Bürgermeister nicht mitbekommt – so einer ist das also, aha. Schließlich taucht er doch noch auf. Der Typ mit dem Schlüssel ist leider nicht zu Hause. Ein weiterer Verbindungsmann tritt auf den Plan.»Ich bin immer zu Hause«, sagt er, »immer. Meine Frau auch, die kann auch Deutsch. Kommt am Samstag, dann besorgen wir den Schlüssel. Nein, kommt am Sonntag, Sonntagmittag, das genügt auch.« So verbleiben wir, so werden wir es machen.

25.2.

Wir sitzen im Auto auf dem Weg ins Rathaus von Moșna. Roland spekuliert, dass der Bürgermeister Wind vom Gratis-Bier bekommen hat und sich nun mit uns treffen will, um zu fragen, ob er denn auch kommen darf.

Das Rathaus sieht aus wie ein in die Jahre gekommenes Wohnhaus, und der Sekretär, der ein bisschen an den »Pfeiffer« aus der TV-Serie »Der Bulle von Tölz« erinnert, nimmt uns in Empfang, textet uns ein bisschen auf Rumänisch zu und führt uns in den obersten Stock, direkt in das Büro des Bürgermeisters.

Dieser ist wahrlich ein Prachtexemplar von Bürgermeister, eine Zierde seiner Zunft: ein ordentlicher Kessel, eine graumelierte Föhnfrisur und ein prächtiger Schnauzbart. Als erstes erkundigt er sich nach den Mädchen in Alma Vii und zwinkert uns zu. Wir sind begeistert.

Er versichert uns sofort, dass es mit dem Konzert kein Problem geben wird – warum wir jetzt eigentlich hier sind, wissen wir immer noch nicht so genau.

Roland hat manchmal so tolle Ideen, von denen bereits im Vorfeld klar ist, dass sie nicht funktionieren können. So auch heute. Da wir keine Anlage fürs Konzert haben, will er sich beim Bürgermeister nach ein paar Boxen und Mikrofonen erkundigen. Zu diesem Zweck malt er auf einen Zettel eine Lautsprecherbox, aus der Noten herausfliegen. Der Bürgermeister schaut ihn nur etwas mitleidig an und versichert ihm, schon kapiert zu haben, dass es um ein Konzert ginge.

Der Sekretär wird hereingerufen und erhält den Auftrag, mit uns nach Alma Vii zu fahren, wahrscheinlich, so nehmen wir an, um uns den Schlüssel für den Saal auszuhändigen und uns mit den Örtlichkeiten vertraut zu machen.

Er müsse nur schnell noch Tanken in Mediaş und wäre spätestens in 45 Minuten bei uns. Wir fahren schon mal vor und warten. Nach zwei Stunden kommt der Sekretär und führt uns zu einem Dorfbewohner, der wohl den Typ kennt, der den Schlüssel für den Saal besitzt. Der Schlüssel-Typ ist leider nicht zu Hause. Kann man nichts machen, aber bestimmt am Sonntag, versichert er uns. Der Sekretär verspricht uns noch, jederzeit helfen zu können, und fährt wieder, höchstwahrscheinlich nicht ganz auf direktem Wege, ins Rathaus zurück. Irgendwie hat Roland bei diesem Spektakel eine seiner beiden Kontaktlinsen verloren. Der Vormittag war ein Erfolg auf ganzer Linie.

Am Abend ziehen wir durchs Dorf und plakatieren es mit unseren Konzertpostern (fünf Stück). Roland ist in Sorge, dass niemand kommen wird, vor allem, weil Andrea in ihrer Übersetzung die Sache mit den Getränken ganz weggelassen hat.

Später wird noch ein bisschen geprobt, alles Lieder, die während unseres Aufenthalts entstanden sind. Außer »Willi über Wiesen«, ein Song der Kölner Band Knochenfabrik und einer der schönsten Frühlingssongs überhaupt.

26.02.2015
Tag 71, Donnerstag

Ferdinand sitzt rauchend im Zwischenraum und betrachtet das »Ultima Redută«-Poster, das wir dort vor einer Weile aufgehängt haben. »Ultima Redută«, so heißt der erste Film von Arnold Schwarzenegger nach seiner Rückkehr aus der Politik; über den Jahreswechsel lief der Film in Mediaş im Kino. Es ist schon spät, vielleicht die letzte Zigarette vor dem Zubettgehen. »Wäre krass«, sagt Ferdinand, »wenn ich nachher träumte, dass Arnold Schwarzenegger *Arnold D. Schwarzenegger* hieße. Stell's dir mal vor,

Arnold D. Schwarzenegger, der Typ, mit 'nem zweiten Vornamen. Wäre doch krass, wenn der so hieße. Vielleicht träume ich das nachher.«

27.2.

Wochenlang habe ich Roland belabert, doch zwei Pullis übereinander anzuziehen, hat er einfach nicht gemacht und immerzu gefroren. Seit vier Tagen ist der Frühling zu Gast, es ist sonnig und warm. Auf einmal trägt er zwei Pullis und klagt über die Hitze. Aber nachdem er so lange darüber nachgedacht hat, ob man tatsächlich einen zweiten Pulli tragen könne, kann er ihn jetzt nicht einfach so ablegen. Das bedarf genauer Überlegung. Seit Tagen ist das Tragen einer langen Unterhose nicht mehr vonnöten. Nachdem er seine jetzt über zwei Monate getragen hat, erscheint es ihm völlig überhastet und unbesonnen, sich spontan von ihr zu trennen. Am ersten März ist laut Kalender Frühlingsbeginn, da wird er sie ausziehen, so sagt er.

Wir schreiben Andrea, ob sie eventuell eine Anlage für das Konzert auftreiben und dem Bürgermeister von Moşna eine Einladung schicken kann. Die abendliche Probeeinheit ist etwas kurz ausgefallen, aber im Großen und Ganzen sind wir relativ fit und ich sehe da keine größeren Probleme auf uns zukommen.

28.02.2015
Tag 73, Samstag

Unter dem Waschbecken tropft es schon wieder, wieder bei mir im Bad, aus dem Siphonschlauch – diesmal genügt es, eine Schüssel darunterzustellen, um den Boden zu schützen.

Ferdinand ist in seinem Bad neuerdings ohne Licht. Beim letzten Anknipsen ging es aus, die Glühbirne hatte ihre Lebenszeit abgeschlossen. Wissend um den Mangel eines aktiven Birnchens, schraubte der ansonsten durchaus mit Phlegma begabte Ferdinand umgehend die Lampenvorrichtung aus der Wand, um die Situation mit dem wachen Blick seiner eigenen Augen zu überprüfen. »Wenn wir jetzt bloß eine Glühbirne hätten«, sagte er schließlich. »Dreck.«

28.2.

Auf dem Weg vom Dorfladen nach Hause gibt es ein klein wenig Zwist. Bei dem Typ, der den Typ mit dem Schlüssel kennt, brennt noch Licht. Roland möchte unbedingt den Schlüssel für den Saal haben. Es ist schon 19:00 Uhr und es widerstrebt mir sehr, jetzt noch den Typ reinzustressen, damit der den Schlüsseltyp stresst, war doch eh Sonntag ausgemacht. Roland ist vieles egal, aber sicher nicht alles, und wenn er mal der Meinung ist, dass etwas jetzt gemacht werden muss, ist er unerbittlich. Er wirft mir Gleichgültigkeit vor und dass ich das Konzert nicht ernst nehmen würde. Zuhause angekommen halte ich es nicht mehr aus und gebe nach. Also wieder Schuhe anziehen und zum Typ laufen. Nachdem wir ewig ans Scheunentor geklopft haben, öffnet uns dessen Frau und sagt, dass es doch jetzt ein bisschen spät und morgen noch genug Zeit sei. Wieder nach Hause, noch ein letztes Mal die sieben Lieder üben. Die Stimmung ist mäßig.

Wegen Rolands anhaltender Sorge, morgen vor leerem Saal spielen zu müssen, ziehen wir spätnachts nochmal los, um »există băutură« mit Edding auf die Poster zu schreiben, was entweder »Es gibt Getränke« oder »Existierende Getränke« heißt.

Walther

von Roland van Oystern

die da oben kucken weg
(Knochenfabrik, 1995)

Walther hieß wirklich Walther. Voriges Jahr erlag er seinem langen Krebsleiden. Ich möchte es mir nicht vorstellen, doch ich komme nicht umhin, seit ich darüber in Kenntnis gesetzt wurde, von seinem Tod und wie er zuletzt aussah, der Typ, mit weggefaultem Unterkiefer.

Ich habe genau eine Erinnerung an Walther, eine einzige. Es war einer der seltenen Besuche meiner Eltern bei der ekelhaften, dunklen Sippschaft, Verwandtschaft mütterlicherseits, unverständlich bei der lieben Mutter; damals lag jemand anderes im Sterben, ich weiß nicht mehr – hieß sie Gretel? Zenz? Ihr Mann, längst tot, ein im Suff die Axt gegen Frau und Kind schwingender Irrer. Sie: auch Krebs. Die Verwandten ums Bett herum, stierten und stierten, gegen die Wand, einander an, nach draußen, gegen die fast Tote. Wenn sie etwas sagen wollte, sich mühte, horchte alles – zwei, drei Wörter gaben sie ihr, dann alle einhellig: Sie fantasiert! Ich erinnere mich an meinen Vater, der versuchte zu hören, sie zu verstehen … hatte keine Chance … schwieg die Sippschaft zuvor auch minutenlang, nach drei Wörtern der fast Toten war sie nicht mehr aus ihrem überbordenden Gemurmel zu bringen.

Bald in einem anderen Zimmer im selben Haus, die Sippschaft und meine Eltern am Kaffeetisch … Schnaps, Wurst … und Walther, der uns Kindern – meiner Schwester und mir – eine Videokassette einlegen wollte: Theo gegen den Rest der Welt – der ist spitze, den müsst ihr sehen!

Ich weiß nicht, ob Walther das wirklich gesagt hat – zu meiner Schwester (3) und mir (7), ich sehe ihn die Videokassette aus der Hülle ziehen, selbstaufgenommen, selbstbeschriftet, und erinnere mich an die Erwachsenen, die dagegen waren, dass wir den Film sehen:

– gegen den Rest der Welt

das sei sicher nichts Liebliches, nichts für Kinder.

Eigentlich war Walther auch einer von den Erwachsenen.

Walther erbte irgendwann, verkaufte, hatte Geld, fand eine Freundin. Die Freundin therapierte ihn, sie war dazu imstande ... Was fehlte Walther? ... Das Übliche, keiner weiß es genau, aber ungefähr denken, na, ungefähr denken kann sich's jeder. Sie therapierte ihn, Walther lebte auf, ihm wurde gut, gut zumute, so wurde es mir erzählt, und irgendwann ... war die Beziehung kaputt.

Walthers Freundin hatte Buch geführt über ihre Sitzungen, die Therapiesitzungen, ja, wirklich, und als es jetzt eben so weit war, stellte sie ihm eine Rechnung aus, eine echte, eine Rechnung, keine Metapher für eine Rechnung. Und – so unwahrscheinlich es klingen mag – Walther bezahlte.

Und jetzt ist er tot. Der Krebs ist weg.

2014, im Jahr seines Todes, nachdem ich davon erfahren hatte, sah ich mir Theo gegen den Rest der Welt an. Der Film ist egal, und das Leben von Walther ... tja, eigentlich auch.

1.3.

So still war es noch nie im Dorf, wirklich wahr. Trotz Frühling und Sonnenschein ist statt der normalen Symphonie aus Holzhackgeräuschen, Pferdewägen und unzähligen Tieren nur ab und zu ein vereinzeltes Bellen oder ein unmotiviertes Krähen zu hören. Alle wissen es. Roland steht neben mir im Garten, wir genießen die Ruhe.

Fast elf Uhr, auf zum Typ. Natürlich ist er nicht zu Hause, seine Frau aber ruft den Schlüsseltyp an. Dieser ist wohl gerade in der Pampa mit den Schafen unterwegs. Wir ziehen wieder ab. Roland sieht schwarz für das Konzert. Er scheint tatsächlich der Meinung zu sein, dass es nicht hinhauen wird.

Zwei Stunden später steht die Frau vom Typ bei uns vor dem Haus, im Schlepptau der Schlüsseltyp. Dieser ist ein brummeliger Kauz, der kaum mit uns spricht, nur ab und zu macht er mit Daumen und Zeigefinger die Geldgeste und sagt: »Curent, curent« (Strom).

Roland fragt sich, wie teuer denn der Strom für zwei Stunden Licht sein kann.

Das ganze Aufbauen erinnert an die Ausrichtung einer Schülerdisco. Ein alter Klassentisch wird an die Seite gestellt und mit Bier, Wein, Cola, Fanta und Chips bestückt – alles gestern noch im Supermarkt eingekauft. Ein Lied, das wir spielen möchten, beinhaltet ein Ofensolo, deshalb wird der Ofen aus unserer Sommerküche abgebaut und hier auf die Bühne geschleppt. Frau Maria sollte sich später fragen, warum zum Teufel denn ihr Ofen hier auf der Bühne steht. Der Raum wird bestuhlt. 20 Stühle erscheinen uns eine realistische Anzahl. Es ist jetzt genau 19 Uhr, nur zwei Kinder und ein Erwachsener sind gekommen. Nervosität macht sich breit. Und gerade als wir uns damit abfinden wollen, dass unser Konzert einfach niemanden juckt, kommen sie alle. Aus allen Richtungen strömen sie herbei. Vom Kleinkind bis zur Oma. Wir kommen mit dem Bestuhlen gar nicht mehr hinterher. Auch Andrea ist gekommen und hat tatsächlich eine Gesangsanlage im Kofferraum. Weil wir uns jetzt schon darauf eingestellt haben, einfach ein bisschen lauter zu singen, und vielleicht auch ein bisschen aus Faulheit, lassen wir sie dort. Das Căminul Cultural ist voll, bestimmt hundert Menschen, ein Wahnsinn.

Das Licht geht aus, wir betreten die Bühne. So aufgeregt vor einem Auftritt waren wir schon lange nicht mehr. Wir spielen unsere sieben Lieder. Vor jedem wird eine Ansage auf Rumänisch heruntergestammelt, die mal mehr, mal weniger verstanden wird. Egal, die Leute sind begeistert und es wird fleißig applaudiert, unfassbar. Nach dem Konzert gibt es Küsschen für uns, von Frau Maria und einer Frau, die sich später als Frau vom Eberhartinger herausstellen sollte.

So schnell und zahlreich wie alle gekommen sind, sind sie auch wieder gegangen. Nur eine kleine Truppe steht noch am Biertisch. Wir gesellen uns dazu. Man lobt und umarmt uns, man schüttelt uns ununterbrochen die Hände. Leider verstehen wir so gut wie gar nichts. Nur einer kann etwas Deutsch. Seinen Namen haben wir leider auch nicht recht verstanden, er sieht aber genau aus wie Klaus Eberhartinger, Sänger der Band Erste Allgemeine Verunsicherung. Wir sind begeistert. Er erzählt uns, in welchen deutschen Städten er schon alles gewesen ist und will uns morgen helfen, den Saal aufzuräumen. Eigentlich gibt es kaum etwas aufzuräumen und unser Plan war, das jetzt schnell zu erledigen, um morgen den ganzen Tag Zeit fürs Schreiben zu haben. Eberhartinger war aber so nett und hat sich so gefreut, dass wir nicht anders konnten als einzuwilligen, es morgen gemeinsam zu machen. Er komme dann um zehn Uhr zu uns, zum Kaffeetrinken.

2.3.

Um halb zehn quälen wir uns aus den Betten. Ob Eberhartinger kommt? Wir warten ab und lassen den gestrigen Abend Revue passieren. Da ist er auch schon, ungewöhnlich pünktlich.

Er hat einen riesen Metalltornister bei sich. Voller Stolz öffnet er ihn und präsentiert uns uralte Bauzeichnungen und Kostenberechnungen der alten Schule, der Kirche und von ein paar anderen Gebäuden des Dorfes, die die Deutschen errichtet hatten. Die hat er bei Restaurierungsarbeiten gefunden. Rolands Interesse hält sich in Grenzen, er lässt sich das aber nicht anmerken.

Als wir nach ewigem Herumsitzen endlich im Saal angelangt sind, greift Eberhartinger zum Mopp. Er taucht ihn genau einmal ins Wasser und verteilt den Schmutz gleichmäßig im ganzen Saal. Ein echter Meister. Roland trägt ein paar Sachen raus, während ich zum kleinen Laden gehe, um Geld zu wechseln, denn der Schlüsseltyp will doch tatsächlich 50 Lei für den Strom haben. Das sind umgerechnet 12 Euro. Was für ein Schlitzohr, aber bei so viel entwaffnender Dreistigkeit kann man gar nicht anders als zu zahlen. Eberhartingers selbstgewählter Lohn sind eine Fünf-Liter-Karaffe Wein und zwei Flaschen Bier, und wir müssen unbedingt jetzt zu ihm kommen; Kaffee trinken. Bei ihm angekommen zeigt er uns sein Haus. Voller Stolz präsentiert er sein gefliestes Badezimmer und den schönen Teppich in der Stube. Immer wenn ein bisschen Geld da ist, arbeitet er weiter am Haus, erklärt er uns als die Tour beendet ist und wir uns gemeinsam am Küchentisch einfinden, um Kaffee zu trinken. Dann wird es sehr traurig, denn er berichtet uns von seinen vielen Jobs in Deutschland. Er beklagt sich nicht, aber für uns klingt es folgendermaßen:

Für einen Hungerlohn fern der Heimat, in irgendeiner Stadt, für irgendeinen Antreiber hart reinknechten und das immer wieder, über längere Zeiträume.

Eberhartinger hat die 60 bestimmt schon überschritten und man möchte ihm nichts anderes wünschen, als ein entspanntes Leben in seinem Haus und mit seiner Frau. Doch im Mai geht es wieder los, bis Dezember. Über ein halbes Jahr fährt er nach Deutschland. Er bekommt 800 Euro im Monat, muss davon noch Verpflegung und Unterkunft, die er sich mit einem Kollegen teilt, bezahlen.

Draußen hagelt es feine, kleine Steinchen – wie lange haben wir keinen Hagel mehr gesehen?

»Ewig«, sagt Ferdinand.

Jetzt sitzt er in seinem Zimmer und tippt. Vor knapp zwei Wochen ging es los, plötzlich tippt er und tippt. Wochenlange Klagen, er wisse nicht, was er schreiben soll – dahin! Was mag er wohl schreiben mit einem Mal?

»Was schreibst du jetzt auf einmal?«, frage ich ihn.

»Ach, ich habe mehrere Baustellen«, antwortet er. »Ich schreibe im ganzen Dokument herum.«

»Woher kommt auf einmal das Material?«

»Ach, ich erfinde was.«

»Ernsthaft?«

»Vielleicht.«

Sonntagmittag, Konzerttag. Der Typ, der immer zu Hause ist, ist nicht da, logisch. Dafür schaut seine Frau zum Fenster raus, tritt auf die Straße und bringt für uns telefonisch in Erfahrung, dass der Schlüsseltyp nicht abkömmlich ist. »Er ist mit den Tieren«, sagt sie.

Wir einigen uns darauf, dass die beiden – Frau und Schlüsseltyp – einfach irgendwann vor dem Konzert zu uns kommen. Ein, zwei Stunden später tauchen beide tatsächlich auf.

Es ist ein sonniger Tag in Alma Vii. Nachdem im Zentrum alles präpariert ist, sitzen wir bei uns vorm Haus im Garten. »So still wie heute war es noch nie«, meint Ferdinand. »Kein Witz. Spürst du die Luft vibrieren? Spürst du es knistern? Das ganze Dorf ist in Erwartung auf unser Konzert. Jeder weiß es, jetzt halten sie alle still. Das ist die Ruhe vor dem Sturm.«

Der Ankündigung nach beginnt das Konzert um 19 Uhr. Es ist 18:30 Uhr als Ferdinand und ich vorm Zentrum stehen – dem

Căminul Cultural, wie es offiziell heißt –, die leere Straße betrachten und im Blick behalten, wie sie leer bleibt und leer.

»Stell dir vor«, sage ich, »gleich ist es 19 Uhr, die Lage unverändert. Dann ist es 19:30 Uhr nichts, niemand. Dann 20 Uhr: Wir stehen zu zweit hier rum, wie jetzt. Dann halb neun: Niemand ist gekommen.«

»Das Konzert geben wir trotzdem, oder?«

»Klar.«

Drin stehen 20 unbesetzte Stühle vor einer festlich geschmückten Bühne – die werden wir bespielen, ganz gewiss. Dann verändert sich plötzlich etwas. Zwei Kinder in der Begleitung eines Erwachsenen kommen direkt auf uns zu. Wir begrüßen sie, bitten sie herein, gehen ihnen hinterher, verweisen auf das Tischchen mit dem Salzgebäck und den Getränken und gehen wieder raus vor die Tür. Dann plötzlich: noch mehr Kinder, alle auf dem Weg ins Zentrum. Auf die Kinder folgen die Jugendlichen, nach den Jugendlichen kommen die Alten. Unser Nachbar, ein Alter, fährt auf seinem Roller vor; er ist der einzige Typ mit einem Roller im Dorf, er parkt ihn direkt vorm Eingang des Zentrums – das weniger als 500 Meter von seinem Hauses entfernt ist. Das Zentrum füllt sich. Wir haben 20 Stühle aufgestellt, in der Hoffnung, dass vielleicht wirklich 20 Leute kommen. Jetzt wird plötzlich nachbestuhlt, die Kinder und Jugendlichen helfen. Auf einmal ist das Zentrum voll, das Licht aus und wir befinden uns auf einer Bühne vor hundert Leuten. Das größte Publikum, das wir jemals hatten. Wir begrüßen es auf Rumänisch: Applaus. Unsere Ansagen sind alle auf sehr miserablem Rumänisch, die wir von Zetteln ablesen. Sie verursachen amüsiertes Gelächter oder Schulterzucken oder beides. Wir spielen die Lieder, die wir während unserer Zeit hier geschrieben haben. Der letzte Song ist allen gewidmet, die uns immer wieder geholfen haben, das Auto anzuschieben – eine Ansage, die uns wichtig war und glücklicherweise verständlich ausgefallen ist –, das Lied vom Ofen und vom Auto. Auf dem Ofen aus unserer Sommerküche präsentiert Ferdinand mittels Schürhaken sein Ofen-Solo. Das war's! – Dann geht das Licht wieder an. Wir verlassen die Bühne, einer der Autotypen kommt zum Abklatschen und zwei ältere Damen drücken uns nach bester Sitte Küsschen auf die Wangen. Eine der Damen ist Frau Maria, die andere Dame ist eine uns bisher unbekannte Italienerin und außerdem die Frau vom Aufräumtyp, den wir gleich darauf als solchen kennenlernen sollten.

Montag, Aufräumtag. Gegen zehn kommt der Aufräumtyp zu uns zum Kaffeetrinken, danach wollen wir gemeinsam aufräumen. Unter anderen Umständen hätten wir nach dem Konzert in einer halben Stunde oder weniger den Saal rausgewischt und ein Aufräumtag hätte niemals stattgefunden. Allerdings bot uns dieser Mann nach dem Konzert so eindringlich und lieb seine Hilfe für den nächsten Tag an, dass es ihm nicht abzuschlagen war.

»Buna! Buna!«, ruft es nun vor dem Haus. Der Aufräumtyp tritt mit einem weißen Sack auf dem Rücken ein. Aus dem Sack holt er ein Eisenrohr, aus dem er wiederum etliche Papierrollen zieht: Skizzen, Baupläne, alte deutschsprachige Notizen in nicht entzifferbarer Schreibschrift. Grundrisse der Kirche, des Zentrums, einer Lehrerwohnung ... alles Mögliche ... Das Rohr hat er bei einer Arbeit im Dorf gefunden, wenn wir es richtig verstehen. Alle drei sitzen oder stehen wir da und schauen uns die Zettel an, wissen selbst nicht so genau, zu welchem Zweck eigentlich, zu gar keinem wahrscheinlich, aber egal, kommt nicht schlecht, so eine Beschäftigung. Wir trinken Kaffee, unterhalten uns in einer bröckeligen Deutsch/Rumänisch-Mischung und verabreden uns erneut für gleich vorm Zentrum; der Aufräumtyp bringt nur eben das Rohr heim und holt einen Putzeimer mit Wischmopp, flugs wird das Zentrum herausgewischt. Der Schlüsseltyp schaut zufällig zur rechten Zeit vorbei, bekommt seinen Schlüssel zurück und geht wieder heim. Oder, na ja, nicht ganz so, der Schlüsseltyp hat nämlich noch eine Zweitfunktion als Stromtyp, weshalb er gestern wie heute den Zählerstand notiert. Ferdinand hilft ihm dabei, kann allerdings nicht erkennen, ob es zu einer Veränderung vor dem Komma kam. Na, macht nichts, tut auch wenig zur Sache, Pflicht ist Pflicht.

Abschließend hocken wir bis in den Nachmittag beim Aufräumtyp und seiner Frau in der Küche, wo wir noch mehr Kaffee in uns reinschütten, so lange, bis uns allen ein bisschen schlecht ist, oder, na, zumindest Ferdinand und mir.

* * *

Ferdinand verfügt über eine beneidenswerte Eigenschaft, nämlich die Bereitschaft, jedes Vorhaben zu verwerfen. Was nicht bedeuten soll, dass er sich Vorhaben vom Hals hält oder keine Pläne schmiedet. Pläne sind nicht übel und es schadet ihnen nicht, wenn sie ein Weilchen reifen, wenn sie sich langsam, aber sicher zersetzen, umso besser, denn war überhaupt jemals eine Umsetzung so gut wie der ihr zugrundeliegende Plan? Vielleicht nicht. Man kann es nicht wissen, tatsächlich nicht. Bleibt also mit Berechtigung zu vermuten: Die besten Pläne bleiben: Pläne.

Ob ein Vorhaben schon an Qualität verliert, sobald man es bekanntgibt?

Seit fünf Jahren – denn fünf Jahre müssen es längst sein – hört man Ferdinand über die Zusammenhänge von körperlicher und geistiger Leistungskraft referieren. Immer mal wieder überqueren Erkenntnisse dazu seine Lippen: »Wenn du geistig nicht schon früh verkommen möchtest, darfst du auch deinen Körper nicht vernachlässigen! Klar«, sagte er sich lange Zeit immer wieder, »bis du so 30 bist, regeneriert sich alles so halbwegs von selbst, aber ab 30 wird's langsam eng, da dauert es dann nicht mehr lang und du kommst ohne körperliche Ertüchtigung schon bald recht krumm daher! Glaub mir, sich geistig zu bilden, reicht nicht aus, um sich vor vorzeitigem geistigen Verfall zu schützen. Spätestens mit 30 musst du etwas machen. Irgendwas, egal, einfach in Bewegung bleiben. Ich fange mit Yoga an! Vielleicht höre ich sogar mit dem Rauchen auf. Letzteres allerdings sei mal dahingestellt, das ist ein noch nicht ganz so ausgereifter Plan. Bedarf noch einiges an Überdenken.«

Tatsächlich bekam Ferdinand von Lisa zu seinem Dreißigsten

eine hervorragend große Yoga-Matte geschenkt. »Gleich morgen geht's los«, verkündete Ferdinand seinen Gratulanten.

Wie es sich am nächsten Morgen zutrug, nun, man weiß es nicht – was sich allerdings schon so sagen lässt, ist, dass die Matte in den letzten zweieinhalb Jahren eher stiefmütterlich behandelt wurde. Schließlich: Rumänien sollte die Wende erbringen! Vor der Abreise geriet auch mir eine Yoga-Matte in den Besitz und vom ersten Morgen an schlugen wir die beiden Matten auf! So war es, denn manch ein Vorhaben ist hartnäckig.

»Morgens schön Morgen-Yoga und abends noch einmal ein bisschen Abend-Yoga – du wirst sehen, das wird uns bekommen!«

»Logisch.«

»Weißt du, ich möchte das gerne fest integrieren in den Tagesablauf.«

»Klar, bin dabei.«

»Nein, nein, du verstehst mich nicht, ich meine nicht Rumänien, ich meine das ganze Leben, so von jetzt an ... das wäre am besten!«

Zwei Wochen lang lief es nicht schlecht. Das Abend-Yoga wurde nach nur einem Mal eingestellt (dass es überhaupt einmal stattfand, weiß ich nur aus dieser Niederschrift. Ich habe keine Erinnerung daran. Ferdinand auch nicht, ich habe ihn gefragt). Aber das Morgen-Yoga lief gut. Nach ungefähr zwei Wochen ließ Ferdinands Motivation etwas nach, noch nicht schlimm, für gelegentliches Ermutigen zeigte er sich sogar dankbar, und einmal lobte er seinen alten Freund sogar dafür. Bis zur Mitte des Aufenthalts hielt sich die gemeinsame Aktivität wacker, dann aber kippte es. Auf den Vorschlag hin, Yoga zu betreiben, waren bald nur noch zwei verbale Antworten erhältlich, entweder »bah« oder »kein Bock« oder eben Schweigen. Das einstige Lob hielt noch etwas vor, so traute ich mich noch ab und an, aufs Yoga zu sprechen zu kommen. Bis plötzlich allein bei dem Wort um Ferdinand herum die Luft gefror.

Anmerkung: Die eingangs als »beneidenswert« beschriebene Eigenschaft wurde im Folgenden leider mit einem völlig unpassenden Beispiel versehen. Ich bitte dafür um Verzeihung. Prinzipiell ändert das aber nichts am positiven Wert der Eigenschaft.

3.3.

Roland ist richtig schlecht gelaunt. Er hadert mit seinen Texten und verlässt kaum sein Zimmer. Nicht so kontaktfreudig, der Typ heute. Zur Aufmunterung male ich ihm ein Bild. Morgen will ich es ihm schenken.

04.03.2015
Tag 77, Mittwoch

Unerfreulich ist, dass die jahrelang von Ferdinand prognostizierten Beschwerden längst begonnen haben, sich seiner zu bemächtigen. Der Rücken schmerzt, bei einem Knie musste bereits operativ eingegriffen werden, und der Kopf tut auch immer öfter und auf immer originellere Weise weh.

Heute beim Frühstück führten wir eine Unterhaltung über Butterfahrten (auch bekannt als Werbe- oder Kaffeefahrten) und kamen so schließlich auf die Anschaffung von Ferdinands Bettmatratze zu sprechen, der Matratze in Deutschland. »400 Euro hab ich hingelegt für das Teil, nicht ganz wenig, aber, na, du weißt ja, an der alten Wohnung unten, da ist ja gleich so ein Matratzen Concord, kennst du ja, und vor ein paar Jahren, da war mal ein bisschen Geld da, und da dachte ich, an der Matratze sparst du nicht, kaufst du dir was Wertiges, kommt sicher auch dem Rücken zugute. Na, und so war das eben.«

Und während ich Ferdinand so lauschte, setzten sich Erinnerungsstückchen zusammen und ergaben plötzlich ein Bild – ein Meisterstück des Phlegmas. Ich musste nachfragen, um sicherzugehen, fragte also: »Sag mal, hast du deine Matratze *hier* eigentlich inzwischen mal ausgetauscht?«

Ferdinands Matratze hier ist die Matratze, die von Anfang an in seinem Bett lag, und eine von insgesamt vieren, wovon drei tadellos sind, und eine, die eben, die in seinem Bett liegt, die reinste Folter. Ich lag einmal ein paar Stunden darauf: Garstig bohren sich die Federn in den Leib, man kann sich darauf drehen bis man blöd wird, es fühlt sich einfach an, als läge man auf einem beschissenen Haufen hingeschmissener Matratzenfedern. Eine der guten Matratzen lehnte lange neben seinem Bett, seit dem Besuch befindet sie sich in dem zweiten Bett, dem Bett direkt neben seinem Bett, und – er hat noch keine einzige Nacht darauf verbracht.

»Lohnt sich jetzt auch nicht mehr«, erklärte er mir auf meine Nachfrage. »Als es noch so kalt war, da hätte es sich gelohnt. Die Drecksfedern haben die Kälte von unten angesogen und direkt in meinen Körper weitergeleitet. Das waren noch Zeiten, das lass dir gesagt sein!«

05.03.2015
Tag 78, Donnerstag

Ferdinand zieht den Stecker vom Kabel meines Laptops aus der Steckdose. »Verrücktes Übergangszeitalter«, sagt er, »fühlt sich jetzt schon völlig absurd an, zur Stromversorgung so ein Teil in so ein Ding zu stecken.« Mit dem Teil meint er den Stecker und mit dem Ding die Steckdose. Und er hat völlig Recht.

Bei seinem Umzug kurz vor der Abfahrt nach Rumänien fiel mir ein Foto in die Hände. Es zeigt ihn als 13-jährigen Bengel zwischen dem Kram sitzen, der ihn auch heute noch umgibt – einem Plattenspieler, einigen Platten, Comicheften und vielen, vielen Kabeln.

Wenn man sich umsieht, bemerkt man allerhand Gegenstände, deren Verschwinden man sich gewiss sein darf – ob man sie mag oder nicht, egal. »Die Zukunft fühlt sich oft so nah an«, sagt Ferdinand, »künftige Errungenschaften, die so wahrscheinlich sind, und doch noch so fern. Kommunikatoren zur Überwindung aller Sprachbarrieren. So ein Teil, das man sich ans Ohr klemmt, anfangs noch, bevor man es sich implantieren lässt oder was auch immer.

Wird es geben. Kann man sich problemlos vorstellen, sogar die Umsetzung. Und doch werden wir vielleicht nicht einmal mehr das miterleben.«

Etliche Stunden später ist es Nacht und Ferdinand sitzt in Unterhose im Zwischenraum. In Unterhose, weil er sich schon bettfertig gemacht hatte, dann allerdings doch nochmal eine rauchen wollte. Jetzt sitzt er da und betrachtet das Batman-Logo aus den 1960ern an seiner Wade.

»Echt eine Scheißtätowierung eigentlich«, sagt er.

»Warum hast du die überhaupt?«, frage ich ihn. »War dir langweilig?«

»Na ja, so ähnlich. Ich habe Lisa im Tattoostudio besucht und ein Kunde ist nicht gekommen und dann haben wir so im Katalog geblättert, da war plötzlich das Logo und ich habe gesagt: Das ist cool, das tätowieren wir mir.« Er schaut es sich weiter an. »Krass eigentlich, dass ich das habe. Aber passt gut zu dem Totenkopf, der ist auch cool. Voll Rock.« Den Totenkopf gleich neben dem Batman-Logo zieren Flammen, es handelt sich um Ferdinands erste Tätowierung, bezahlt vom ersten Krankenpflegergehalt ... damals musste er für seine Tätowierungen nämlich noch bezahlen.

»Na ja, man hat manchmal gar nicht so richtigen Einfluss auf alles, ist dann einfach so«, sagt er und meint wahrscheinlich die Tätowierungen genauso wie alles andere in seinem Leben.

Zwischen der Sache mit dem Stecker und der Tätowierung waren wir ein letztes Mal in Mediaş beim Einkaufen und haben daheim in Ferdinands Zimmer den Film »Louis und seine außerirdischen Kohlköpfe« geschaut. Der Bucklige – eine der beiden Hauptfiguren im Film – schöpft sich Brunnenwasser unter einem Loblied auf die Qualität desselben aus dem Brunnen und gießt es direkt – unabgekocht – auf seinen Pernod. Bemerkenswert, weil der Bucklige und Ferdinand einander – abgesehen von ihren jeweiligen Trinkgewohnheiten – völlig gleichen.

6.3.

Die Stimmung hat sich etwas gebessert. Ich glaube, Roland hat mein Bild gefallen. In den letzten Tagen waren wir viel spazieren und haben mit dem letzten Geld noch ein paar Einkäufe erledigt.

Heute sind wir zum Geburtstag eingeladen. Liviu wird 69 Jahre alt. Seit Wochen schon zeigt er uns immer wieder seine tollen Fähnchen, die er an sein Garagendach genagelt hat. Fünf an der Zahl: Europa, England, Australien, Schweiz und natürlich Rumänien. Ganz stolz ist er da drauf, und nicht selten hat er durchblicken lassen, dass sich eine Deutschland-Fahne da noch richtig gut machen würde. Nirgends war so ein Ding aufzutreiben. Nicht mal in Augsburg hat Meta eine gefunden. Diese Dinger gibt es anscheinend nur, wenn Fußball ist. Aber sie hat eine bestellt, im Internet. Bei einem Shop, der, wie sie sagte, auch Regenbogen-Flaggen im Angebot hat. Die meisten haben sonst eher noch Reichskriegs-Flaggen. Gestern kam das Teil bei uns an, stark!

Roland findet passende Worte: »Da hat man seine ganze Jugend mit Deutsch-Punk hören verbracht und jetzt steht man in Rumänien und verschenkt Deutschland-Flaggen.«

Da Liviu so schlecht sieht, ist er erst ein bisschen enttäuscht, da er unsere Flagge nur für Geschenkpapier hält. Wir hatten diese um eine Packung Kekse gewickelt. Van Oystern klärt auf und die Freude ist groß.

07.03.2015
Tag 80, Samstag

Vorletzter Tag. Morgen ist nur noch Aufräumen angesagt, und das Holz anrichten.

Während ich heute noch im Bett lag, führte Ferdinand bei uns im Garten schon ein Verhandlungsgespräch.

Durch die geschlossene Zimmertür ruft er mir die Information zu. »Mit wem?«, will ich also wissen.

»Mit zwei Typen, wollten zehn Euro für so ein Stück Regenrinne – hätte es wahrscheinlich billiger bekommen, aber was soll ich mit einer Regenrinne! Zwei Typen, ey, der eine war so stier, der hatte ein Handy, und der kannte jemanden, der Englisch spricht, und drum wollte er mit mir und dem Handy zu irgendeinem Hügel fahren, damit wir den anrufen können! Ich hab meine Hosentaschen nach außen gestülpt, das lenkte das Verhandlungsgespräch langsam auf ein Ende zu, das haben sie verstanden – war ja nicht mal Schwindel ... verdammt.«

An unserem zweiten Abend in Alma Vii fuhren wir nachts nochmal über Land, um zu Hause anzurufen. Ferdinand fuhr und ich guckte aufs Handy nach dem Empfang. Wir suchten uns eine Bucht mit Netz, dort standen wir eine Weile. In unserer Nähe hielt ein Auto mitten auf der Straße, später noch eines. Ferdinands TV-Krimigeschulter Blick vermutete ein krummes Ding. Tatsächlich ist es die gängige Vorgehensweise, mit dem Auto einfach stehenbleiben und verweilen, sobald das Handy Empfang hat. Auch tagsüber. Stehende Autos auf einer Landstraße bedeuten, an dieser Stellte hast du Empfang. Dann kannst du stehenbleiben und telefonieren.

Habe ich erwähnt, dass Ferdinands Socken jüngst das Stadium des Stinkens überwunden haben?
Obwohl sie schon furchtbar gestunken haben sollen, soll sich der schlechte Geruch nach der Verkrustungsphase einfach aus ihnen gelöst haben. Auch als sie später wieder feucht und labbrig waren, sollen sie im Geruch beinahe neutral geblieben sein.

Habe ich außerdem erwähnt, dass Ferdinand der Erfinder der Nachnachspeise ist?
Dem ist nämlich so. Die Nachnachspeise ist die Speise nach der Nachspeise. Ihm war nach der Nachspeise immer so nach einer weiteren Speise, da hat er sie erfunden. Die Nachnachspeise ist dann übrigens wieder deftig.

7.3.

Zum Frühstück gibt es für Roland eine Yum-Yum-Nudelsuppe, in die er sich einen Rest zwei Wochen alten Dosenspinats reinkippt. »Asiatische Nudelsuppe mit Algen-Ersatz«, brummelt er vor sich hin. Da das Geld aufgebraucht ist und sämtliche noch vorhandenen Alkoholvorräte als Mitbringsel gedacht sind, musste gestern Nacht noch ein halbes Fläschchen Schweden-Kräuter herhalten, das ihm seine Mutter mitgegeben hatte. Ein richtiger Aufguss ist das wohl nicht mehr geworden.

8.3.

Morgen beginnt die Heimreise, deshalb ist heute großer Aufräum- und Putz-Tag. Van Oystern lässt diesen entspannt angehen, indem er erst mal zur alten Schule schlendert und den Nachmittag damit verbringt, mit seiner Freundin zu skypen. Jetzt, kurz vor der Abreise, kam tatsächlich noch jemand von der Telefongesellschaft und hat uns Internet hergestellt. Wahnsinn, welche Gier nach Austausch da besteht. Roland skypt fünf Stunden mit Meta, schickt ihr gleichzeitig noch eine vierseitige E-Mail und wirft auf dem Rückweg nach Hause noch einen Brief an sie ein. Aber so sind sie nun mal, die jungen Schriftsteller, deshalb macht es mir auch nichts aus, die Bude alleine aufzuräumen.

Abends sind wir zum Abschiedsessen eingeladen, bei Maria und Liviu. Ich erzähle ein bisschen von meiner derzeitigen Wohnsituation, woraufhin Roland sofort gefragt wird, ob er noch bei seiner Mutter wohne. Stolz entgegnet er, schon über zehn Jahre alleine zu wohnen. Nach ein paar Schnaps (eines der wenigen Worte, die Liviu auf Deutsch zu sprechen weiß) verabschieden wir uns und nehmen die Einladung gerne an, morgen früh um sieben, bevor wir losfahren, noch auf einen Kaffee vorbeizukommen.

Ein letzter Spaziergang durchs Dorf, aus dem Dorf raus und die Straße entlang, bis wir umdrehen. Roland läuft zu meiner linken.

Diese Konstellation besteht eigentlich schon immer. Jedenfalls kann keiner mehr genau sagen, wann es angefangen hat. Roland links, ich rechts, egal ob wir sitzen, stehen oder gehen.

Die Sterne leuchten in dieser Nacht besonders hell. Und so sehr man sich auch auf Zuhause freut, ist es doch ein Abschied, der aufwühlt, waren es jetzt doch fast drei Monate.

09.03.2015

Tag 82, Montag

Am gestrigen Sonntag war im Căminul Cultural ein Fez wie sonst bloß, wenn jemand aus dem Leben geschieden ist. Während unserer ganzen Zeit in Alma Vii gab es nur einen Toten, dem wurde im Zentrum drei Tage lang mit Folklore und Techno gehuldigt. Obwohl diesmal kein Toter durch die Straße getragen wurde, gingen wir von einer solchen Feierlichkeit aus.

Als ich von einem letzten Spaziergang durchs Dorf ins Haus zurückkam, sagte Ferdinand: »Es gibt gar keinen Toten.« Er hatte zufällig vorm Haus unseren alten Verbindungsmann getroffen und mit ihm gesprochen. »In Alma Vii ist heute Frauentag! Im Zentrum sind nur Frauen, nur Frauen dürfen da heute rein. Und weißt du wer noch? Der Bürgermeister von Moşna! Der ist da gerade, jetzt im Moment. Wenn du es nicht glaubst, kannst du ja rübergehen und so ein bisschen an der Tür rumstehen, vielleicht siehst du ihn.«

Am Abend kamen wir nochmal vor Ferdinands Ofen zusammen, um ein letztes gutes Gespräch zu führen, ein Pfeifchen zu schmauchen, etwas Tee zu trinken und dabei an Sonnenblumenkernen herumzupulen. So spielte es sich manches Mal ab, so sollte es sich auch heute noch einmal abspielen.

Ferdinand hat keine Sexträume. Sein Leben lang schon nicht. Zusammengezählt hat er drei Träume vorzuweisen, die grob in so eine Richtung gehen. »Verarschungsträume waren das eigentlich, die gelten wahrscheinlich gar nicht. Im Ersten bahnte sich was an und ich ging mit der Frau nach Hause, alles ganz normal. Und dann hab ich ihr eben die Hose runtergezogen, und dann hatte die 'ne Windel an, und das fand ich so widerlich, dass ich rausgerannt bin. Der zweite Traum ist noch dümmer. Da saß ich mit einer in einer größeren Gruppe am Lagerfeuer, und da war in der Nähe so ein Schuppen, da wollten wir reingehen und es treiben. Das machten wir dann auch, bloß die Traum-Kamera verharrte die ganze Zeit über auf der Lagerfeuer-Szene. Wir kamen dann auch irgendwann wieder zurück ans Feuer. Ich weiß noch, dass ich voll angepisst war, weil ich überhaupt nichts mitbekommen hatte. Und, ja, das war es auch schon. Der dritte Traum fällt mir nicht ein. Ich glaube, es waren drei. Aber mir fällt es nicht ein. Ich war bei den Träumen auch schon über 25. Zuvor hatte ich nie Sexträume, danach auch nicht. Habe ich mich schon oft drum betrogen gefühlt. Aber, na, kann man nichts machen.«

Jetzt, einen Abend später, sitzen wir in Győrújbarát, in der Nähe von Győr, auf einem Abschlepphof mit Werkstatt und Unterkunft. Drei Kilometer vor dem Hotel, in dem wir auf der Herfahrt schon gepennt haben, unmittelbar während der Abfahrt von der Autobahn ging das Auto aus. Wir haben wahrscheinlich das, was man einen Kolbenfresser nennt.

Ferdinand hat RTL gefunden und guckt »extra« mit Birgit Schrowange, wo Dienstleistungsunternehmen unter die Lupe genommen werden. Und noch eine Sendung ... über Prepper – das sind Leute, die sich aufs nackte Überleben vorbereiten, mit Rucksäcken, die ideal befüllt 6000 Euro kosten und 45 Kilo wiegen. In dem Rucksack befindet sich zum Beispiel Dauerwurst, die in der Schweiz hergestellt wird und zehn Jahre hält. Manche Prepper legen sich Einmalbunker zu, das kleinste Modell kostet 12.000 Euro. Die Facebook-Seite der »Prepper Gemeinschaft Deutschland« hat schon über tausend Likes. Ihr Motto lautet: »Gemeinsam stark und vorbereitet.«

»Coole Aufnäher haben die«, sagt Ferdinand, »so welche bräuchten wir auch.«

Van Oystern frisst sich gierig die Brote rein, als wären die Müllsäcke nicht voll damit.

9.3

Wir sitzen in Marias Küche. Roland trinkt zwei Tassen Kaffee, da wird er während der Fahrt wieder viel aufs Klo müssen.

Er überreicht Maria einen kleinen Karton mit den restlichen Lebensmitteln, die zum Wegschmeißen zu schade sind. Maria zieht ein Glas Okraschoten raus und blickt etwas verwirrt drein. Roland van Oystern: »Okra.«

Sensationell, ganz klar ein Fall von »Van Oystern klärt auf«. Maria nickt einfach mal so und stellt das Glas wieder zu den anderen beiden. Von den vier zu Weihnachten geschenkten Gläsern wurde nur eines aufgegessen. Da ich Okraschoten für schleimige, minderwertige Peperoni halte, wäre es eigentlich Rolands Aufgabe gewesen, sie zu verspeisen. Er würde es zwar nicht zugeben, aber so ganz gut können sie ihm anscheinend auch nicht geschmeckt haben.

Wir verabschieden uns. Umarmung und Küsschen bei Frau Maria, Hand schütteln bei Herrn Liviu.

Roland übernimmt die erste Fahrt. Nicht schlecht staunen die beiden, dass er es ist, der sich da an das Steuer setzt. »Voll nett vom Großen, dass er den Kleinen auch mal ans Steuer lässt, wahrscheinlich nur zum Dorf hinaus, dann wird er sicherlich übernehmen«, könnten sie sich vielleicht so gedacht haben.

»Tagsüber sehe ich auch ohne Kontaktlinsen oder Brille genau so gut wie jeder andere«, versichert Roland. Die Straße ist bröselig und mit sehr großen Schlaglöchern versehen. Jedes Mal, wenn eines in Sicht ist, zucke ich etwas zusammen oder ziehe Luft durch die geschlossenen Zähne. Roland ist davon angenervt, ich soll damit aufhören, denn er sieht die Schlaglöcher auch selber. Ich reiße mich zusammen, selbst wenn Roland genau auf eines zusteuert, sage ich nichts. Ich schließe die Augen und ertrage den Schlag wie ein Mann. Dann lausche ich noch ein bisschen, ob eventuell die Achse durchgebrochen oder ein Reifen geplatzt ist, und öffne die Augen wieder.

Kurz nach der Ausfahrt Győr in Ungarn passiert es: Der Motor geht aus. Feierabend.

Der Wagen rollt noch die Autobahnausfahrt runter und kommt am Straßenrand vor einer Kreuzung zum Stehen.

Es dauert in etwa eine Stunde, bis uns ein Abschleppwagen holt. Wir fragen den jungen Mann, ob er uns nachher noch in die bereits gebuchte Pension fahren könnte. »Yes, yes, it's like a pension.« Roland kommt das reichlich seltsam vor, ist es doch offensichtlich, dass der Abschlepp-Typ von einer ganz anderen Pension redet, die wohl nur so eine Art Pension oder fast eine Pension zu sein scheint. Müde und fertig mit den Nerven warten wir einfach ab, was passiert.

Außerhalb Győrs fahren wir auf einen riesigen, mit Mauern umgebenen Schrottplatz. Morgen wird der Meister kommen und sich die Karre ansehen. Bis dahin sollen wir hier schlafen. Auf dem Schrottgelände steht ein kleines Häuschen mit fünf Zimmern, in denen ein paar Betten stehen. Allerdings dürfen wir das Haus auf keinen Fall verlassen, weil dann die Alarmanlage angeht und die Polizei kommt. Unwahrscheinlich, aber egal. Möchte man gar nicht wissen, was die für die Übernachtung verlangen werden. Vor so viel Dreistigkeit wird im Geiste noch schnell der Hut gezogen und dann in die Betten gefallen.

10.3.

Für das Abschleppen und die Übernachtung wird der ADAC aufkommen, für die Reparatur hingegen möchte der Meister 1100 Euro haben und in einem Tag wäre das Auto wieder flott. Pff, im Leben nicht, nicht mal, wenn wir so viel Geld besäßen. Roland bestellt ein Taxi, das uns zum Wiener Flughafen bringen soll. Der Fahrer staunt nicht schlecht, als er uns mit dem ganzen Geraffel sieht: alte Konsolenspiele, ein paar Besen, tausend Tüten und Taschen, ein Röhrenfernseher, ein Computer, Andenken, Schrott, Müll usw. Ganz verwirrt ist er, dass wir nach Deutschland wollen, so wie wir reisen, hat er uns eher für Rumänen gehalten, die mit einer kleinen Beute nach Hause wollen. Der Meister rückt noch hundert Euro für den alten Karren raus und weiter geht die Fahrt.

Einstmals stolzer Autofahrer, von nun an Fußgänger.

Wie waschechte Rumänen stehen wir am Wiener Flughafen, nachdem uns der ungarische Taxifahrer da rausgeschmissen hat.

Um acht morgens hat sich Ferdinand bereits eine Stunde Frühstücksfernsehen reingezogen, bei dem verrückte Thesen zum Umgang mit digitalen Medien verbreitet werden.

Das Auto ist, finanziell gesehen, ein doppelter Totalschaden und muss deshalb zurückbleiben. Jetzt sitzen wir da und warten auf ein Taxi nach Wien, von dort aus geht es mit einem Mietwagen weiter. Bezahlt alles der ADAC, Ferdinand ist Plus-Mitglied. Es gibt kaum ein Jahr, in dem er davon nicht profitiert hätte. Um einen Fahrzeughalter wie Ferdinand auszugleichen, bedarf es einen ganzen Arsch voll gewissenhafter Vorsorgetrottel.

Der Abschied von seinem Auto stimmt ihn traurig. »Abschiede«, sagt er, »nichts als Abschiede.«

Auf einem Rastplatz bei St. Pölten halten wir eine kleine Brotzeit ab. Ferdinand zupft die Schale von einer gekochten Kartoffel. »Guck mal, ein veganes Osterei. Kann man schälen und schmeckt genauso gut wie ein richtiges Ei, bloß anders.« Wir schauen ein bisschen in den Himmel, der Wind weht von vorne und von hinten – jedenfalls fühlt es sich so an. Plötzlich hält Ferdinand die Gabel in der Hand. »Oh«, sagt er, »die wird jetzt vielleicht wieder ihrer ursprünglichen Bestimmung zugeführt.« Er dreht sie herum. »Echt Silber.« Ein Weilchen blickt er auf sie herab, dann steckt er sie wieder zurück in seine Jackentasche: »Qualität.«

Nachwort

Es gibt eine Facebook-Seite, die unseren Aufenthalt doku-
mentiert. Außerdem sind einige Kurzfilme entstanden, die
man sich auf YouTube ansehen kann. Der Kanal heißt wie wir:
Ferdinand und Roland.

Boris Sachsenberg, der Programmierer des Spiels 4Tris, hat
die Postkarte tatsächlich bekommen und sich sehr gefreut.
Wahrscheinlich wohnt er wirklich noch bei seinen Eltern.

Prinz Charles kann zwar Deutsch, wollte uns aber trotzdem
kein Vorwort schreiben.

Lieber Prinz Charles,

wie Sie sind auch wir große Freunde der rumänischen Kultur und im Speziellen der Architektur der schönen, siebenbürger-sächsischen Bauernhäuser.

In einem der vom Mihai Eminescu Trust restaurierten Häuser verbrachten wir den letzten Winter, um dort ein Buch zu schreiben.

Wir haben Ihr Vorwort in dem Buch von Jan Hülsemann gelesen und es hat uns so gut gefallen, dass es uns eine große Ehre wäre, wenn Sie auch eines für unseres schreiben würden.

Anbei übersenden wir Ihnen das Manuskript. Das Buch erscheint um Weihnachten herum.

Es grüßen Sie herzlichst

Ferdinand Führer & Roland van Oystern

Ferdinand Führer   Roland van Oystern
Eierstraße 83   Jakoberstraße 4
D-70199 Stuttgart   D-86152 Augsburg

0152 / 06062818   0176 / 81606780

Wir sind auch per E-Mail zu erreichen:

studio_ferdinand@yahoo.de

CLARENCE HOUSE
LONDON SW1A 1BA

From: The Office of TRH The Prince of Wales and The Duchess of Cornwall

Private and Confidential

30th July, 2015

Dear Mr Führer and Mr van Oystern,

    Thank you for your letter of 29th June 2015, in which you very kindly invite The Prince of Wales to write a foreword for your book 'Ein Tag Hagel und Immer was zu Essen da'.

    His Royal Highness has carefully considered your request but has reluctantly decided that he must decline. Unfortunately, he receives a great many invitations of this nature and can only respond positively to a very small proportion. These are usually from organisations to which he is already committed directly through Patronage or Presidency.

    I am sorry to send what I realise will be a disappointing reply.

Yours sincerely,

Jeff Johnson.

Jeff Johnson

Mr. Ferdinand Führer and Mr. Roland van Oystern

Register

Ferdinand Führer & Roland van Oystern
Low Fun (CD, 2016)

Ferdinand und Roland überwinterten mal in einem rumänischen Dorf. Von Kälte und multipler Entbehrung geplagt, saßen sie die meiste Zeit so da. Auf irgendeine Art entstand dabei neben diesem Buch auch noch das Album »Low Fun«. Acht Lieder, in Rumänien ausgedacht und aufgenommen, die eigentlich von überhaupt nichts berichten und trotzdem rühren. Winterzauber auf halber Kraft.

Felix Scharlau
Du bist es vielleicht. Roman

Der Lehrer Timo Tripke will eigentlich nur seine Ruhe. Doch durch einen Zufall wird er Internetstar und findet sich wieder in einer Welt der Likes und Tweets. Dem digitalen Aufstieg folgt der Absturz in der analogen Welt. Tripke landet im australischen Dschungel – in der Fernsehsendung »Camp Grüne Hölle«. »Du bist es vielleicht« ist eine Groteske über den Triumphzug sozialer Medien und des Reality-TV. Ein Roman über das Ende der Privatheit und die Abgründe eines Lebens als Meme.

264 S. • ISBN 978-3-95575-117-3

Andre Lux
Egon Forever! rettet die Welt

Hier geht es um existenzielle Lebenszusammenhänge, sei es im allzu Persönlichen oder im viel zu Politischen – für die Erklärung der Welt reicht Andre Lux ein Schreibheft kariert.

112 S. • Hardcover • ISBN 978-3-95575-101-2

Linus Volkmann
Sprengt die Charts!
Wie werde ich Popstar (und warum)?

Linus Volkmann verrät in seinem neuen Buch, wie man selbst so fame wird, dass man von ihm dann verrissen werden kann. Wie komme ich auch ohne Proben nach oben? Wie überlebe ich ein Festival? Wie werde ich trotz Chart-Hit nicht sofort Alkoholiker? Wem verkaufe ich meine Hochzeitsfotos, wenn ich Lady Gaga oder Ryan Gosling heirate? Bunte, BILD-Zeitung oder doch lieber Bussi Bär?

120 S. • mit Abb. • ISBN 978-3-95575-111-1

Jonnie Schulz
Kein Zutritt für Hinterwäldler. Die Geschichte der Butch Meier Band. Roman

Hamburg im Jahre 2000. Vier Visionäre, von der Punkszene gelangweilt, schließen sich zur einzigen Country- und Western-Band von St. Pauli zusammen. Die linke Szene ist entsetzt: Schnurrbärte, Amerika-Verherrlichung, Mackertum! Doch Jonnie Schulz, Ted Memphis, Digger Barnes und Butch Meier lassen sich nicht ins Bockshorn jagen.

312 S. • mit farb. Bildstrecke • ISBN 978-3-95575-006-0

Webshop auf **www.ventil-verlag.de**
(Versandkostenfrei innerhalb Dautschlands)

Club Déjà-vu
Die Farben der Saison
(LP inkl. CD, 2015)

Über den Club spricht man nicht. Eine Band, die jedem gefällt, und zu der niemand stehen will. Aus Angst. Denn: Vom erwachsen gewordenen Ex-Punker bis zum Nachwuchs-Proll, vom Polit-Hipster zum Porsche-Aktionär, vom Student zum Dozent, von Oma bis Opa – der Club spricht allen aus der Seele. Denn er spricht aus der Seele des Alls. Die Quintessenz aller Attitüde, die Reinform der Musik, schwebend im Equilibrium extrakosmischer Autokatalyse.

Ferdinand ist Sänger und Texter von Club Déjà-vu

Die Damen und Herren des Orchesters
Zweihundert Jahre ohne Erfolg
(LP inkl. CD und Download, 2017)

Wenn nachts das Leben an der Stadt vorüberzieht, spielt das Orchester in allen Träumen, über den Dächern in einer Melange aus Trotz und Katzenjammer. Obwohl die Bratsche betrunken ist und das Klavier hinkt, es lauschen doch alle Herzen in einsamem Beisammensein. Das Orchester: Das ist ein verlorengegangener Schuldschein vom Leben, das ist ein ununterschriebener Vertrag mit dem Teufel. Die Damen und Herren: Tapfer musizierend über dem Generalbass einer verlorenen Zeit.

Roland ist Sänger und Texter von
Die Damen und Herren des Orchesters

www.nebula-fuenf.com